traficantes de sueños

Traficantes de Sueños no es una casa editorial, ni siquiera una editorial independiente que contempla la publicación de una colección variable de textos críticos. Es, por el contrario, un proyecto, en el sentido estricto de «apuesta», que se dirige a cartografiar las líneas constituyentes de otras formas de vida. La construcción teórica y práctica de la caja de herramientas que, con palabras propias, puede componer el ciclo de luchas de las próximas décadas.

Sin complacencias con la arcaica sacralidad del libro, sin concesiones con el narcisismo literario, sin lealtad alguna a los usurpadores del saber, TdS adopta sin ambages la libertad de acceso al conocimiento. Queda, por tanto, permitida y abierta la reproducción total o parcial de los textos publicados, en cualquier formato imaginable, salvo por explícita voluntad del autor o de la autora y sólo en el caso de las ediciones con ánimo de lucro.

Omnia sunt communia!

mapas

Mapas. Cartas para orientarse en la geografía variable de la nueva composición del trabajo, de la movilidad entre fronteras, de las transformaciones urbanas. Mutaciones veloces que exigen la introducción de líneas de fuerza a través de las discusiones de mayor potencia en el horizonte global.

Mapas recoge y traduce algunos ensayos, que con lucidez y una gran fuerza expresiva han sabido reconocer las posibilidades políticas contenidas en el relieve sinuoso y controvertido de los nuevos planos de la existencia.

Primera edición: *L'hypothèse communiste*, París, Nouvelles Éditions Lignes, 2009

Primera edición en castellano: abril de 2025

Título: La hipótesis comunista
Autor: Alain Badiou

Traducción:
Isidro López Hernández
Maquetación y diseño de cubierta:
Traficantes de Sueños
Edición:
Traficantes de Sueños
C/ Duque de Alba 13. C. P. 28012. Madrid
Tlf: 915320928
mail:editorial@traficantes.net

ISBN: 978-84-19833-36-5
Depósito Legal: M-8246-2025

La hipótesis comunista

Alain Badiou

Traducción:
Isidro López Hernández

traficantes de sueños

mapas

Índice

Preámbulo
¿A qué llamamos fracasar?

1.

A partir de mediados de los años setenta del siglo pasado comenzó el reflujo de la «década roja», iniciado por el cuádruple acontecimiento de las luchas de liberación nacional (Vietnam y Palestina en particular), el movimiento juvenil estudiantil mundial (Alemania, Japón, EEUU, México...), las revueltas fabriles (Francia e Italia) y la Revolución Cultural en China. La forma subjetiva de este reflujo es la negación resignada, la vuelta a las costumbres, incluidas las electorales, la deferencia al orden capitalista-parlamentario u «occidental», y la convicción de que cuanto peor, mejor.

Este reflujo encuentra su forma intelectual en lo que en Francia ha tomado el muy extraño nombre de «nueva filosofía». Bajo este nombre encontramos, casi sin cambios, todos los argumentos del anticomunismo estadounidense de los años cincuenta: los regímenes socialistas son despotismos infames, dictaduras sanguinarias; en cuanto al Estado, hay que oponer a este «totalitarismo» socialista la democracia representativa, sin duda imperfecta, pero con mucho la forma de poder menos mala; en cuanto a la moral, filosóficamente la más importante, hay que defender los valores del «mundo libre», del que Estados Unidos es el centro y el garante; la Idea comunista es una utopía criminal que, habiendo fracasado en todas partes, debe dar paso a una cultura de los «derechos humanos» que combine el culto a la libertad (incluida, en primer lugar, la libertad de hacer negocios, de tener propiedades y de enriquecerse, garante material de todas las demás) y una representación victimista del Bien. En efecto, el Bien no es más que la lucha contra el Mal, lo que equivale a decir que solo debemos ocuparnos de aquellos que se presentan, o se muestran, como víctimas del Mal. En cuanto al Mal, es todo lo que el Occidente libre define como tal, lo que Reagan llamaba «el Imperio del Mal». Así que aquí estamos, de vuelta al punto de partida: la Idea comunista, etc.

Hoy en día, este aparato de propaganda apenas se utiliza ya, por distintas razones, la principal de las cuales es que ningún Estado poderoso se proclama ahora comunista, ni siquiera socialista. Es cierto que muchos de sus recursos retóricos se han reciclado en la «guerra contra el terrorismo», que en Francia se ha disfrazado de cruzada antiislamista. Sin embargo, nadie puede creer seriamente que una ideología religiosa, particularista, retrógrada en su visión social y fascista en su concepción de la acción y sus resultados, pueda ocupar el lugar de una promesa de emancipación universal sustentada en tres siglos de filosofía crítica, internacionalista y laica, que utiliza los recursos de la ciencia y que moviliza, en el corazón de las metrópolis industriales, el entusiasmo de trabajadores e intelectuales por igual. La amalgama entre Stalin y Hitler ya formaba parte de un modo de pensar extremadamente pobre, para el que el rasero de cualquier empresa colectiva es el número de muertos. En cuyo caso, además, los genocidios y las masacres coloniales masivas, los millones de muertos en las guerras civiles y mundiales, a través de las cuales nuestro Occidente ha forjado su poder, deberían haber descalificado con la misma facilidad, a los ojos incluso de los «filósofos» que ensalzan su moralidad, a los regímenes parlamentarios de Europa y América. ¿Qué les habría quedado entonces a nuestros fontaneros de los Derechos a la hora de alabar la democracia burguesa como única forma de Bien relativo, cuando solo predican contra el totalitarismo encaramado en una montaña de víctimas? Hoy, en todo caso, la amalgama entre Hitler, Stalin y Bin Laden es una oscura farsa. Demuestra que nuestro Occidente democrático no tiene reparos en cuanto al combustible histórico que utiliza para alimentar su maquinaria propagandística. Es cierto que hoy en día tiene otras cosas de las que preocuparse. Tras dos cortas décadas de prosperidad cínicamente desigual, Occidente se encuentra sumido en una verdadera crisis histórica, y tiene que conformarse con el simulacro de «democracia», como parece hacer desde hace tiempo, con sus muros y alambradas antiextranjeros, sus medios de comunicación corruptos y serviles, sus cárceles superpobladas y sus leyes chuscas. Ello se debe a que cada vez dispone de menos medios para corromper a su clientela local y comprar a regímenes feroces, como los Mubarak o los Musharaff, encargados de vigilar al rebaño de pobres.

¿Qué queda de la obra de los «nuevos filósofos», que nos iluminaron, es decir, nos embrutecieron, durante treinta años? ¿Qué queda de la gran máquina ideológica de la libertad, los derechos humanos, la democracia, Occidente y sus valores? Todo se reduce a una simple afirmación negativa, tan humilde como una observación, tan desnuda como la mano: en el siglo XX, el socialismo, única forma concreta de la Idea comunista, ha fracasado totalmente. Ellos mismos tuvieron que volver al dogma capitalista y desigualitario. Este fracaso de la Idea nos deja sin elección frente al complejo de la organización capitalista de la producción y del

sistema de Estado parlamentario: tenemos que acep-
tarlo, *volens nolens*. Por eso hoy tenemos que salvar a
los bancos sin confiscarlos, dar miles de millones a los
ricos y nada a los pobres, enfrentar a los nacionales con
los trabajadores extranjeros si es posible, en resumen,
gestionar todas las miserias lo más estrechamente posible, para que los poderes sobrevivan. No hay elección,
¡te lo digo yo! No es —conceden nuestros ideólogos—
que dirigir la economía y el Estado mediante la codicia
de unos cuantos bandidos y la propiedad privada desenfrenada sea el Bien Absoluto. Pero es el único camino
posible. Stirner, en su visión anarquista, hablaba del
hombre, agente personal de la Historia, como «El único
y su propiedad». Hoy es «La Propiedad como único».

De ahí la necesidad de meditar sobre la noción de
fracaso. ¿Qué significa exactamente «fracasar», cuando hablamos de una secuencia de la Historia en la que
se pone a prueba tal o cual forma de la hipótesis comunista? ¿Qué queremos decir exactamente cuando
afirmamos que todos los experimentos socialistas ba-
sados en esta hipótesis han «fracasado»? ¿Es este un
fracaso radical, es decir, se requiere el abandono de
la propia hipótesis, la renuncia a todo el problema de la
emancipación? ¿O solo se refiere a la forma, o al camino que exploraba, y que solo se ha constatado, a través
de este fracaso, que no era el adecuado para resolver el
problema inicial?

Mi convicción se ve iluminada por una compara-
ción. Tomemos un problema científico, que, mientras
permanezca sin resolver, bien puede adoptar la forma
de una hipótesis. El teorema de Fermat, por ejemplo,
puede considerarse una hipótesis si se formula de la
siguiente manera: «Para n > 2, supongo que la ecuación
$x^n + y^n = z^n$ no tiene soluciones enteras (soluciones donde x, y, y z son números enteros)». Entre Fermat, que
formuló la hipótesis (pretendía haberla demostrado,
pero no importa), y Wiles, el matemático inglés que la

demostró realmente hace unos años, ha habido innumerables intentos de justificarla. Muchos han servido de punto de partida para desarrollos matemáticos de gran alcance, aunque no han logrado resolver el problema en sí. Por tanto, era esencial no abandonar la hipótesis durante los tres siglos en que siguió siendo imposible demostrarla. La fecundidad de estos fracasos, su examen y sus consecuencias, ha animado la vida matemática. En este sentido, el fracaso, siempre que no signifique claudicar ante la hipotesis, nunca es más que la historia de la justificación de esta última. Como decía Mao, si la lógica de los imperialistas y de todos los reaccionarios es «provocación de problemas, fracaso, nueva provocación, nuevo fracaso, hasta arruinarse», la lógica de los pueblos es «lucha, fracaso, nueva lucha, nuevo fracaso, nueva lucha otra vez, hasta la victoria».

Se argumentará aquí, incluyendo en detalle tres ejemplos (Mayo del 68, la Revolución Cultural, la Comuna de París) que los aparentes fracasos, a veces sangrientos, de acontecimientos profundamente ligados a la hipótesis comunista, han sido y siguen siendo etapas de su historia. Al menos para quienes no están cegados por el uso propagandístico de la noción de fracaso. Es decir, para quienes siguen motivados por la hipótesis comunista, como sujetos políticos, utilicen o no la palabra «comunismo». En política, lo que cuenta son los pensamientos, las organizaciones y las acciones. A veces los nombres propios sirven de referentes, como Robespierre, Marx, Lenin... Los nombres comunes (revolución, proletariado, socialismo...) ya son mucho menos capaces de nombrar una secuencia real de política emancipadora, y su uso se expone rápidamente a una inflación sin contenido. Los adjetivos (resistentes, revisionistas, imperialistas, etc.) son los más utilizados con fines propagandísticos. Esto se debe a que la universalidad, el atributo real de un cuerpo de verdad, no tiene uso para los predicados. La política real ignora las identidades, incluso la tenue y variable identidad de los «comunistas». Solo conoce aquellos fragmentos de la realidad en los que una Idea atestigua que la obra de su verdad está en marcha.

2.

Entre la mitad y el final de los «años rojos» que he mencionado antes, tuve varias oportunidades de expresar mi opinión sobre el fracaso, sobre el significado positivo de las derrotas. O, más exactamente, sobre su naturaleza dialéctica. Una derrota revolucionaria siempre se divide en su lado estrictamente negativo, a menudo muy marcado en el momento (muertes, encarcelamientos, traiciones, pérdida de fuerzas, dispersión, etc.) y su lado positivo, que suele tardar mucho en emerger (evaluación táctica y estratégica, cambio de modelos de acción, invención de nuevas formas de organización, etc.). Entre 1972 y 1978 escribí lo que yo llamaba una «*romanopera*»: L'*Écharpe rouge*, publicada en 1979 por Maspero y representada en 1984 en Lyon, Avignon y luego Chaillot, en forma de auténtica ópera, con música de Georges Aperghis y puesta en escena de Antoine Vitez. Esta obra seguía, a veces línea por línea, el esquema de *Le Soulier de Satin* de Claudel (que Vitez también pondría en escena en Aviñón unos años más tarde). En resumen, asumía el reto que suponía para el teatro político la creación por Claudel de un teatro a la vez moderno y cristiano. Y sin embargo, el título de la escena VI del segundo acto es precisamente: *Chœur de la divisible défaite* [Coro de la derrota divisible]. Siempre recordaré la fuerza musical del coro (todos los coristas vestidos de azul obrero), mientras Pierre Vial, un actor excepcional, se paseaba por el escenario bajo un viejo paraguas murmurando con voz indecisa, medio convencida, medio nostálgica: «¡Comunismo! ¡Comunismo!»

Hay que situar esta escena en su contexto. En el noreste obrero del país imaginario donde se desarrolla la acción, los dirigentes regionales del Partido han lanzado una especie de insurrección civil, que incluye en particular una convocatoria de huelga general. Esta ofensiva da título a todo el acto II de la obra (*La ofensiva de otoño*). Fracasó completamente y fue discutida, criticada y sustituida, tras tormentosas discusiones en todas las organizaciones revolucionarias, por una acción militar de los insurrectos, esta vez dirigida al sur del país.

La escena que quiero citar tiene lugar inmediatamente después del fracaso de esta prematura «ofensiva de otoño». Tiene lugar en la puerta de la fábrica SNOMA, a primera hora de la mañana. Los obreros derrotados entran, cabizbajos, entre dos filas de soldados, directivos y policías. Es, dice la dirección de escena, «de esta multitud abatida, de su compacta procesión, de donde nace el coro de los obreros». Este coro trata de la división y de la subsunción de las derrotas en un pensamiento superior. Aquí está:

Así, en las mañanas del color de la tierra muerta, hemos vuelto a colocar nuestras banderas muy bajas y muy solemnemente. Hemos hecho una letanía de nuestra sublevación.

Y aquí estamos una vez más, los trabajadores de SNOMA, en la ciudad sin fuerzas, doblegados y derrotados.

Una vez más, nuestros esfuerzos han fracasado para forzar los términos de la disputa.

A cruzar el umbral de la inversión de sus posiciones.

Hablo aquí del prematuro cuestionamiento de nuestro levantamiento vigilante.

Hablo aquí del aislamiento proletario en la ciudad incierta y la ofensiva distante.

Hablo aquí de fracaso y amargura. ¡Y sin embargo! Nadie tiene el poder de poner patas arriba el molino de la historia por mucho tiempo.

Es la hora compartida del recuento y del conocimiento, la hora de la tensión para los vencidos.

Lo malo de fracasar se transforma en la excelencia combativa del conocimiento.

[...]

¡A nosotros vencidos, legendarios vencidos, la fabulosa continuación de vuestras inaceptaciones!

¡A vosotros! ¡Oprimidos de los tiempos atrasados! ¡Esclavos del sol sacrificial, mutilados para el esplendor de las tumbas! ¡Hombres del gran arado vendidos con la tierra de la que son el color! ¡Niños expulsados por el cercamiento del prado al servicio sangriento del algodón y del carbón!

¿Has aceptado? ¡Nadie acepta nunca! ¡Espartaco! ¡Jacquou le Croquant! ¡Thomas Münzer!

¡Y vosotros: mendigos de la llanura, Taipings del gran Loes, cartistas y rompe-máquinas, conspiradores del laberinto de los suburbios, igualitarios babuvistas, *sans-culottes*, comuneros, espartaquistas! Toda la gente de las sectas populares y los soviets de vastos distritos, seccionarios de los tiempos del Terror, hombres de la horca y la pica, de barricadas y castillos quemados. Y la multitud de tantos otros trabajando violentamente en la invención de su plenitud, ¡e inventando su plenitud trabajando en las sacudidas continentales de la historia! ¡Marineros arrojando a sus oficiales a los peces carnívoros, utópicos de las ciudades solares disparando desde los puestos avanzados de su territorio, mineros quechuas de los Andes con gusto por la dinamita! ¡Y estos rebeldes africanos en mareas sucesivas en el hedor colonial bajo la protección flamígera de tantos escudos de pantera! Y no olvidemos al hombre solitario que ha cogido su fusil de caza y, como un jabalí receloso, empieza a resistir al agresor en los bosques de Europa.

Y las grandes procesiones de todo tipo que se despliegan por las calles: estudiantes amenazantes, muchachas que reivindican los derechos de la mujer, las banderas de los grandes sindicatos clandestinos, ancianos de pie en recuerdo de las huelgas generales, enfermeras con velo, ¡trabajadores en bicicleta!

Tenemos las innumerables invenciones y la multiforme sencillez de los poderes populares: ¡los arengadores y guerreros de las ligas campesinas, los profetas camisardos, las mujeres de los clubes, asambleas y federaciones, los obreros y escolares de los comités de base, de acción, de triple sindicato y de gran alianza! ¡Soviets de fábrica y de empresa militar, tribunales populares, grandes comités de aldea para el reparto de la tierra, la puesta en marcha de una presa de regadío, la formación de la milicia! ¡Grupos revolucionarios para controlar los precios, ajusticiar a los responsables de malversaciones y vigilar las existencias!

O aquellos, pocos en número, y esta es una época de contracorrientes, que mantienen viva la idea correcta en el sótano chirriante de las rotativas manuales. O aquellos, armados de largos bambúes, que tienen la ciencia de golpear a los policías más gordos, y todo lo demás les resulta oscuro.

¡Todos vosotros! ¡Hermanos de inmensa historia! Juzgáis nuestro fracaso y decís: ¿a qué renunciáis aquí? ¿No hemos fracasado más allá de las palabras? ¿No hemos fracasado sin fin?

¡Que se levante, pálido, quien se atreva a convocarnos al tribunal de este fracaso! Y que beba su vergüenza.

Hemos creado vuestra incierta certeza. Y vuestra fuerza en la victoria inminente no es más que el legado, la sustancia y la rectificación de nuestra aparente empresa.

¿Queréis, resignados, abolir nuestro gigantesco esfuerzo, y todo el nacimiento histórico de nuestra venganza universal, en el veredicto reaccionario y la cabeza inclinada del vencido?

¡No! ¡Digo que no!

Los satisfechos y los temerosos no nos miran. ¡Es la tenaz memoria popular la que hace este gran agujero en el
mundo por el que, siglo tras siglo, se planta el semáforo
del comunismo! ¡Pueblos de todos los tiempos! ¡De todos
los lugares! ¡Estáis entre nosotros!

Solo quisiera subrayar la relación, expresada como perorata de todo el texto, entre la posibilidad de superar
subjetivamente la derrota y la vitalidad, internacional
y supratemporal, de la hipótesis comunista. De este
modo, la meditación sobre los fracasos cambia por
completo si la vinculamos no con la naturaleza puramente interior, pensante o táctica, de una política, sino
con el cruce entre esa política y su historicidad. El pensamiento del fracaso se sitúa en el punto en el que una
política comparece, incluso a sus propios ojos, ante el
tribunal de la Historia, tal como la hipótesis comunista
representa e imagina su consistencia.

3.

A principios de los años ochenta, nos tocó hacer balance de lo que estaba ocurriendo. Los «años rojos» habían
terminado. El gobierno de Mitterrand había hecho re-
surgir masivamente las ilusiones y las quimeras de la
«izquierda», que consistían esencialmente en corromper a una fracción de la pequeña burguesía invitándola
a los salones del poder (incluso Deleuze cenaba en casa
del Presidente) y distribuyendo fondos a las «asociaciones» que tanto les gustaban. «Política cultural« es una
buena manera de describir el sistema de estas ilusiones. Lo que tenemos aquí es una derrota sin gloria, un
fracaso que ha arraigado y es poco conocido, un fracaso que durará más de veinte años (hasta la crisis actual,
sin duda). Su nombre es Partido Socialista. Deberíamos

poder volver a decir, como Aragon hace ochenta años, dopado por Stalin: «¡Fuego al oso intelectual de la socialdemocracia!». Pero nadie piensa hacerlo.

Por otra parte, es bien cierto que las sacudidas finales del socialismo de Estado y las luchas armadas que estuvieron ligadas al mismo fueron insoportablemente violentas. Los Guardias Rojos de la Revolución Cultural, como tantos jóvenes abandonados a su suerte y actuando en manada, ya habían cometido innumerables crímenes en los momentos más confusos de la Revolución Cultural. En Camboya, los revolucionarios Jemeres Rojos pensaron que podían utilizar comandos de hombres y mujeres muy jóvenes, sacados de un campesinado oprimido, que siempre había sido invisible, y a los que de repente se les dio el poder de la vida y la muerte sobre cualquier cosa que recordara a la vieja sociedad. Estos jóvenes asesinos, cuyos descendientes pueden verse hasta hoy, sobre todo en África, sometieron a todo el país al reino de su ciega venganza y lo devastaron implacablemente. En Perú, los métodos de Sendero Luminoso para forjar la disciplina entre los campesinos indios rebeldes no eran muy diferentes: «Hay que matar a todo el que sea sospechoso de no estar conmigo». Obviamente, la propaganda de los «nuevos filósofos» hizo un uso ilimitado de estos episodios aterradores.

Así que nos enfrentamos a una especie de doble noción del fracaso. Teníamos ante nosotros el clásico fracaso de la derecha: el reagrupamiento de los cansados de la acción militante en las delicias del poder parlamentario, el paso renegado del maoísmo o del comunismo activo al acogedor escaño de senador socialista por la Gironda. Pero no podríamos olvidar el «fracaso ultraizquierdista», aquel que, utilizando la brutalidad y la muerte para hacer frente a cualquier contradicción, por pequeña que fuera, encierra todo el proceso en los oscuros confines del terror. De hecho,

esta escisión parece ineludible en los momentos en que
la dinámica política de las revoluciones ya no puede
inventar su propio futuro, ya no puede afirmarlo por
sí misma. Ya Robespierre, en vísperas de 1794, y por
tanto de su propio fracaso, tuvo que luchar en dos fren-
tes, contra los «contrarrevolucionarios», los derechistas
que seguían a Danton, y contra los «ultrarrevoluciona-
rios», los exaltados que seguían a Hébert. Dediqué una
obra a este problema, *El incidente de Antioquía*. También
sigue el marco de una obra de Claudel, *La Ville*, y utiliza episodios fundamentales de la predicación de San
Pablo, en particular la oposición entre Pablo y Pedro,
en Antioquía, sobre la cuestión de la universalidad del
mensaje. La idea es que el motivo revolucionario no
debe ni apegarse a las particularidades tradicionales
(para el apóstol Pedro, permanecer dentro de los ritua-
les del ser judío o, para los renegados contemporáneos,
asumir que las leyes de la economía de mercado y la
democracia representativa son insuperables), ni tener
como único objetivo la destrucción de estas particularidades (como el antisemitismo de origen cristiano,
o la matanza por los Jemeres Rojos de los partidarios
del viejo mundo). La universalidad, representada en
la obra por el personaje de Paule, presupone una resistencia simultánea a la fascinación por los poderes
establecidos y a la fascinación por su destrucción in-
fructuosa. Ni continuación pacífica ni sacrificio final. La
política es una construcción, que ciertamente se separa
de lo que domina, pero que, mediante la violencia si
es necesario, protege esta separación en la medida en
que, con el tiempo, deja claro que solo existe un lugar
habitable por todos, bajo el imperio de la igualdad.

El incidente de Antioquía cuenta la historia de una
revolución victoriosa, terriblemente destructiva, cuyos dirigentes tomaron finalmente la decisión sin
precedentes, por las razones que acabo de exponer, de
renunciar al poder que habían conquistado.

El primer fragmento que cito aquí describe la renuncia a toda función por parte de Cefas, el hombre que dirigió la revolución, a costa de una terrible destrucción. Renunció porque nada amaba más que la destrucción, y ahora se profetiza la reconstrucción, la creación de un nuevo Estado, y esto le aburre de antemano. Así lo expresa:

CEFAS. El fin. Me acostaré en las cenizas de los Estados. Me iré con los viejos textos. Adiós, me voy, me rindo.

CAMILLE. ¡Te pido perdón! ¡Cefas! ¡No vas a dejar las cosas en la estacada! ¡No vas a decapitar la empresa en medio del desastre y la necesidad!

DAVID. ¡Sin explicaciones! ¡Sin críticas! ¡Dando la espalda cuando hay que picar piedra!

CEFAS. Hemos logrado aquello para lo que estaba ligado a vosotros en la jurisdicción de mando. Aceleramos la decadencia de este país, al que devolvimos a sus aterradores orígenes. Más allá de la victoria, solo hay derrota. ¡No, no, no una derrota repentina y asombrosa!

La derrota lenta e irreversible de los que tienen que aceptar que lo es.

No una derrota inútil y gloriosa, no una catástrofe legendaria. Al contrario, una derrota útil y fecunda, una derrota que restaure la paz del trabajo y el poder del Estado.

Os dejo a vosotros la grandeza de este tipo de derrota, no por orgullo o desinterés en su paciencia, sino porque soy incapaz de ello.

Mis pensamientos de desorden enturbian ahora el imperativo de la edificación.

[...]

Sin embargo, ¡que la mentira se sostenga en la claridad! De lo que hemos destruido bajo nuestros pies, que los escombros incrustados en la restauración se mantengan, y que el hedor

¡permanezca!

CAMILLE. Cefas, no te vayas.

DAVID. Quédate. Preocúpate, si el poder te ofende.

CEFAS. Al principio me gustaba ser líder. No eran cosas despreciables:

La circular, tan breve como un telegrama de amor, que pone en pie en el otro extremo del país a estudiantes de instituto que están fuera de clase, o desata un tumulto en el taller que se extiende por los suburbios.

La ovación en la tribuna en el verano de la multitud, entre las banderas rojas y los retratos. O el alto el fuego de las armas, en el invierno de los caravaneros.

Pero todo eso ha llegado a su fin, y solo queda el miedo en la mirada.

Por eso saldré del círculo, franqueando la linea de tiza de la gloria.

Vemos que el fracaso para él que Cefas no se siente competente es el fracaso de la derecha, el «lento» fracaso sin gloria de las reconstrucciones y las repeticiones. El momento en que, desde la Revolución, volvemos al Estado. Es del otro fracaso, el de la furia ciega, del que habla Paule, cuando ordena a su hijo, convertido en líder tras la marcha de Cefas, que abandone el poder. Esta es la escena:

DAVID. ¿Qué pides exactamente?

PAULE. Ya te lo he dicho. Que renuncies al poder.

DAVID. Pero, ¿en qué consiste esa determinación de ejercer la función materna en sentido contrarrevolucionario?

Paule. Tú eres la contrarrevolución. Extinguís todo rastro de voluntad de justicia. Vuestra política es vulgar.

David. Y tú eres muy distinguido.

Paule. Escúchame, David. Déjame adoptar un tono masculino. Nuestra hipótesis, no era, en principio, que íbamos a resolver el problema del buen gobierno. No nos metíamos en las especulaciones de los filósofos sobre el Estado ideal. Decíamos que el mundo podía resistir la trayectoria de una política resistente, una política destinada a acabar con la política. En otras palabras, la dominación. Estoy seguro de que estás de acuerdo.

David. Le sigo, profesor.

Paule. Sucedió que la propia realización histórica de esta hipótesis fue engullida por el Estado. La organización liberadora se fusionó en todas partes con el Estado. Hay que decir que, en la clandestinidad y en la guerra, se dedicó por entero a su conquista. De este modo, la voluntad emancipadora fue apartada de su propio origen. Debe ser restaurada.

David. ¿Qué quieres decir?

Paule. Quiero decir sustituida. Ninguna política justa de hoy puede sostener que continúa la obra del pasado. Nos corresponde a nosotros desvelar de una vez por todas la conciencia que organiza la justicia, la igualdad, el fin de los Estados o el tráfico imperial, a partir de esta base residual en la que la preocupación por el poder acapara por sí sola todas nuestras energías. ¡Qué alcance podría tener vuestra proclamación de lealtad, si en la práctica retomarais el camino de la conciencia colectiva y la convirtierais en sujeto! Dejarías el Estado a los que aman su pompa y su estupidez asesina.

David. Hay detrás de nosotros, como un imperativo que escapa a nuestro control, el sacrificio de miles de personas, para quienes nuestra victoria es el único sentido. ¿Vamos, por una abdicación sublime, a reunir en el verano del absurdo a todo un pueblo de muertos?

Paule. Ya hemos oído hablar del partido de los fusilados. ¿Qué sentido tiene poner el sentido político bajo la

jurisdicción de los muertos? Es un muy mal augurio. Y
te señalo que hoy la gente muere a montones, no por la
victoria, sino a causa de la victoria. Te verás obligado,
sea cual sea tu elección, a seleccionar entre los cadáveres
aquellos que te justifiquen.

DAVID. ¿Adónde conduce este chantaje moral? La piedad
es inútil. En medio de la devastación, la orden es reconstruir. Si tenemos que recurrir al pasado, lo haremos sin
miedo. ¿Quién puede imaginar que, después de seme-
jante temblor, el antiguo estado de cosas volverá como si
nada hubiera pasado? El mundo ha cambiado para siempre. Solo tienes que confiar en él. Mi querida madre, te
acercas demasiado al fondo de las cosas. Estás muy lejos
de la decisión.

PAULE. ¡Viejo truco, David! Solo te ofrezco la única decisión posible: todo lo demás es solo cuestión de gestionar
las limitaciones, utilizando los medios brutales de que
dispones. ¡Claro que vas a hacer algo nuevo! Vas a pintar
de gris la superficie del sol.

DAVID. Dime exactamente quién eres. ¿Condenas lo que
hemos hecho? ¿Estás con los blancos, con la escoria camu-
flada? Estoy recuperando toda mi frialdad, te lo advierto.

PAULE. Has hecho una tarea inevitable. La pequeña bestia
imperial ha sido masacrada, yace entre sus dos colinas. A
través de ti, el primer ciclo de la historia de la justicia se
ha completado. Por eso puedes pronunciar el comienzo
de su segundo poder.

DAVID. Ciertamente no es ese el poder que propones; más
bien, renunciar a él, y por mucho tiempo.

PAULE [saca un gran papel y lo despliega]. Mira este mapa
militar. Me lo dio mi hermano Claude Villembray, justo
antes de que lo ejecutáramos. Esto es el sueño, esto es la
infancia. Le habría gustado conquistar el mundo, como a
cualquier viejo rey. ¿Vas a seguir y seguir con esta pasión
infantil? La grandeza particular de la especie humana no
es el poder. El bípedo implume debe apoderarse de sí mismo y, contra toda probabilidad, contra todas las leyes de
la naturaleza y contra todas las leyes de la historia, seguir

el tortuoso camino que lleva a que cualquiera sea igual a todos. No solo en derecho, sino en verdad material.

DAVID. ¡Qué exaltado eres!

PAULE. Te equivocas. Al contrario, te exhorto a que abandones toda exaltación. La decisión que tienes que tomar es fría. Es incomprensible para aquellos que se abandonan a la pasión de las imágenes. Abandona la obsesión por la conquista y la totalidad. Aférrate al hilo de la multiplicidad.

[Largo silencio].

DAVID. Pero dime, Paule, ¿cómo evitas dispersarlo y desunirlo todo en el gesto inaudito que propones?

PAULE. No aporto una receta. Puesto que durante tanto tiempo el impás ha consistido en que la política solo tenía su centro y su representación en el Estado, te digo que rompas este impás y que establezcas que la verdad política circula de forma duradera en un pueblo adosado a los lugares de las fábricas, resguardándose del Estado por su firmeza interior.

Es como un acontecimiento, tan irrepresentable como la obra de teatro, lo que significa que la acción que tenemos ante nosotros es misteriosamente única.

DAVID [angustiado]. Pero, ¿por dónde empezar lo que dices que no tiene principio?

PAULE. Encuentra a los que importan. Mantén el hilo de sus palabras. Organiza su coherencia, con el objetivo de la igualdad. Que haya en las fábricas núcleos de convicción política. En las ciudades y en el campo, comités de voluntad popular. Que transformen lo que es y se pongan a la altura de la generalidad de las situaciones. Que se opongan al Estado y a los chamarileros de la propiedad en la medida exacta de su fuerza immanente, y del pensamiento que ejercen.

DAVID. Eso no compone ninguna estrategia.

PAULE. La política del futuro consiste simplemente en dar forma y raíz a su propia formulación. La política consiste en unir a la gente en torno a una visión política, alejada del control mental del Estado. No me preguntes nada más que este círculo, que es el círculo de todo pensamiento inicial. Basamos una época en una tautología. Es natural. Parménides fundó la filosofía durante dos mil años simplemente proclamando, con la claridad requerida, que el ser es y el no-ser no es.

DAVID. La política consiste en hacer que la política sea, para que el Estado deje de ser.

[Silencio].

PAULE. ¡Hijo! ¡Hijo mío! ¿Quieres confiarte a este pensamiento en el que, tras una primera historia errante, reaparece la vieja hipótesis, la vieja interpretación?

DAVID. La cabeza me da vueltas. Veo claro lo indecidible.

PAULE. Una política, solo una.

DAVID. Confío en ella.

PAULE. Confío en que una política es real para mí, sustraída a la captura del Estado, irrepresentable e incesantemente descodificada. Confío en que seguir, con la inteligencia de la voluntad, lo que ahí se designa oriente lentamente la fuerza de un Sujeto para excluirse

Del reino de la dominación.

Sé que este camino está en la unicidad de su consistencia, y en lo implacable de su sutileza. Confío en la liberación infinita, no como quimera, ni como pantalla del déspota, sino como figura y combinación activa, aquí y ahora, de aquello por lo que el hombre es capaz de algo más

Que la economía jerárquica de las hormigas.

DAVID [con voz neutra]. Todo eso. Todo eso.

PAULE. Engarza el hierro, hijo mío, por tu confianza regenerada. Que la lucha milenaria por el poder se transforme aquí en la lucha milenaria por su rebajamiento. Su culminación.

DAVID. ¡Oh soberana decisión! ¡Honor del invierno inmoderado! Sin embargo, promuevo la paciencia. Pero tú, madre, ¿dónde estás ahora?

PAULE. Lo que pude hacer, se puede decir, sí, se puede decir realmente, que lo hice.

[Se abrazan].

De todo esto se desprende que «fracasar» está siempre muy cerca de «ganar». Uno de los lemas maoístas de los Años Rojos era «Atrévete a luchar, atrévete a ganar». Pero sabemos que, si no es fácil seguir esta consigna, si la subjetividad no teme tanto luchar como ganar, es porque luchar te expone a la forma simple del fracaso (el asalto no tuvo éxito), mientras que ganar te expone a su forma más terrible: darte cuenta de que fue en vano que ganaras, que la victoria te prepara para la repetición, para la restauración. Que una revolución nunca es más que un estado intermedio. De ahí la tentación sacrificial de la nada. El enemigo más formidable de la política de emancipación no es la represión del orden establecido. Es la interioridad del nihilismo, y la crueldad sin límites que puede acompañar a su vacío.

4.

Si miramos las cosas de una manera menos poética, más descriptiva, más histórica, sin duda identificaremos no dos, sino tres tipos bastante diferentes de fracaso en el desarrollo de las políticas de emancipación. El mejor documentado, o el más circunscrito, es el fracaso de un intento en el que los revolucionarios, detentadores temporales del poder sobre un país o una zona, pretenden establecer nuevas leyes y son aplastados por la contrarrevolución armada. Un gran número de insurrecciones entran en esta categoría, de las cuales las más conocidas del siglo XX son sin duda las de los espartaquistas en el Berlín de la posguerra en 1918, donde perecieron Rosa Luxemburg y Karl Liebknecht, y las de Shanghái y Cantón en China en la década de 1920. El problema que plantea este tipo de fracaso es siempre el de la «relación de fuerzas». Se reduce a un problema que combina, por una parte, el grado de organización de los destacamentos populares y, por otra, la oportunidad del momento en términos de desorganización del poder del Estado. Un balance positivo de la derrota abordará inmediatamente las nuevas disciplinas necesarias para el éxito de la insurrección. Más adelante, y de forma más polémica, se tratará de la capacidad de los insurgentes para aglutinar a la amplia masa de la población «civil». El ejemplo paradigmático de estas discusiones es el desarrollo histórico de la Comuna de París. Desde Marx hasta nuestros días, pasando por Lissagaray, Lenin y los revolucionarios chinos en torno a 1971, esta apreciación ha seguido siendo objeto de debate. Reabro de nuevo esta cuestión en el segundo estudio de esta colección.

El segundo tipo de fracaso es el de un vasto movimiento en el que se implican fuerzas dispares pero muy numerosas, sin fijarse realmente como objetivo el poder, aunque sí ponen a la defensiva durante mucho tiempo a las fuerzas del Estado reaccionario. Cuando este movimiento entra en fase de reflujo, toda la cuestión, en vista de la restauración completa del viejo orden, al menos en términos generales, es saber cuál es la naturaleza de la acción y cuáles son sus consecuencias. Hay un largo trecho entre la idea de que todo ha sido fruto de la fantasía y la idea de que representa una ruptura decisiva en la concepción de lo que ha de ser una política liberadora. Quizás el primer movimiento de este tipo fue la Fronda en la Francia de principios del siglo XVII. El movimiento de 1911 en China también tiene muchos de sus rasgos. Un modelo más reciente es sin duda el mítico Mayo del 68, que volvió a suscitar innumerables publicaciones y furiosas discusiones en su cuadragésimo aniversario. Le dedico el primer estudio de este volumen.

El tercer tipo de fracaso se refiere al intento de transformar el Estado, que oficialmente se declara socialista, para ordenarlo más directamente en la dirección asociativa libre que, desde Marx, parece prescribir la hipótesis comunista. El fracaso es que el resultado va en la dirección opuesta: o bien la restauración del terrorismo del partido-Estado, o bien el abandono puro y simple de toda referencia al socialismo o aún más al comunismo, y el reagrupamiento del Estado en torno a las limitaciones desigualitarias del capitalismo, o en última instancia ambas cosas, la primera prepara la segunda. Ha habido lo que podríamos llamar formas débiles de este intento, como el «socialismo con rostro humano» en Checoslovaquia, aplastado por el ejército soviético en 1968. Ha habido formas mucho más significativas, como el movimiento obrero polaco *Solidarnosc* entre el 14 de agosto de 1980 (cuando estalló una huelga en los astilleros de Gdansk) y el 13 de diciembre de 1981 (cuando se declaró el estado de sitio). La forma verdaderamente revolucionaria del maoísmo que animó a todo el maoísmo francés entre 1965 y 1976 fue la GRCP (la «Gran Revolución Cultural Proletaria») en China, al menos durante su secuencia verdaderamente masiva y abierta entre 1966 y 1968. Es a este episodio al que dedico el último estudio de este libro.

5.

La reintroducción de la palabra «comunismo», y con ella la hipótesis general que puede envolver los procedimientos políticos eficaces, está en marcha. Del 13 al 15 de marzo de 2009 se ha celebrado en Londres una conferencia bajo el título general de «La Idea de Comunismo». Cabe destacar dos aspectos fundamentales de esta conferencia. En primer lugar, además de sus dos iniciadores (Slavoj Zizek y yo mismo), los grandes nombres de la verdadera filosofía contemporánea (me refiero a aquella que no se reduce a ejercicios académicos o de apoyo al orden dominante) estuvieron fuertemente representados. Judith Balso, Bruno Bosteels, Terry Eagleton, Peter Hallward, Michael Hardt, Toni Negri, Jacques Rancière, Alessandro Russo, Alberto Toscano y Gianni Vattimo figuraban entre los ponentes. Jean-Luc Nancy y Wang Hui, que habían manifestado su acuerdo, no pudieron asistir por circunstancias externas. Todos ellos habían leído las condiciones establecidas para su participación: cualquiera que fuera su enfoque, tenían que argumentar que la palabra «comunismo» puede y debe recuperar hoy un valor positivo. El segundo punto a destacar es que el Birbeck Institute de Humanidades, sede providencial de este acto, había tenido que reservar un gigantesco anfiteatro con mil asientos para acoger al público, compuesto en su inmensa mayoría por jóvenes. Este entusiasmo conjunto de los filósofos y su público por una palabra prácticamente condenada a muerte por la opinión dominante desde hace casi treinta años cogió a todo el mundo por sorpresa. No cabe duda de que es sintomático. A este dossier sobre la hipótesis comunista añado, al final del volumen, mi propia contribución a esta conferencia.

6.

Este libro, quiero insistir, es un libro de filosofía. Contrariamente a las apariencias, no trata directamente de política (aunque se refiera a ella) ni de filosofía política (aunque proponga una forma de conexión entre la condición política y la filosofía). Un texto político forma parte de un proceso político organizado. Expresa su pensamiento, organiza sus fuerzas y anuncia sus iniciativas. Un texto de filosofía política, disciplina que siempre he sostenido es fútil, pretende «fundar» la política, o incluso «lo» político, e imponerle normas que son en última instancia normas morales, las del «buen» poder, el «buen» Estado, la «buena» democracia, etcétera. Hoy, además, la filosofía política no es más que la sierva erudita del parlamentarismo capitalista. Lo que me interesa aquí es de una naturaleza completamente diferente. A través de las particularidades de la noción de fracaso en política, pretendo aclarar la forma genérica que adoptan todos los procesos de verdad cuando tropiezan con obstáculos inherentes al «mundo» en el que se desenvuelven. La formalización subyacente de este problema es el concepto de «punto», detallado en el Libro VI de mi *Lógicas de los mundos*. Un punto es un momento en un procedimiento de verdad (por ejemplo, en una secuencia de política emancipadora) en el que una elección binaria (hacer esto o aquello) decide el destino de todo el procedimiento. Hay muchos ejemplos de ello en los estudios que siguen. Lo que debemos comprender es que prácticamente todos los fracasos son el resultado de un tratamiento inadaptado de un punto. Todo fallo puede localizarse en un punto. Y por eso todo fracaso es una lección que acaba formando parte de la universalidad positiva de la construcción de una verdad. Para ello, es necesario localizarlo, encontrar y reconstituir el punto en el que la elección fue desastrosa. En el lenguaje antiguo, podríamos decir que la lección universal de un fracaso reside en la correlación entre una decisión táctica y un callejón sin salida estratégico. Pero si abandonamos el léxico militar, diremos que tras la cuestión del punto se esconde la siguiente afirmación fundamental: cuando se trata de la verdad, el fracaso solo se puede pensar en términos de topología. Pues tenemos un magnífico teorema sobre cualquier mundo: los puntos de un mundo forman un espacio topológico. Lo que, en lenguaje corriente, significa que las dificultades de una política nunca son globales, como la propaganda contraria —del tipo «su hipótesis comunista no es más que

una quimera impracticable, una utopía sin relación con
el mundo tal como es», etc.— siempre quiere hacernos
creer, con el fin de desanimarnos de una vez por todas.
Las dificultades están atrapadas en una red en la que es
posible, aunque a menudo difícil, conocer su lugar, su
entorno, cómo abordarlas… Podemos hablar, pues, de un
espacio de fracasos posibles. Y es en este espacio donde
un fracaso nos invita a buscar, a pensar, el punto en el
que ya no podremos fracasar.

I

Seguimos siendo contemporáneos de Mayo del 68

Esta recopilación sobre Mayo del 68 consta de tres partes. La primera es una conferencia pronunciada en 2008 en Clermont-Ferrand, por invitación de la asociación *Les Amis du temps des cerises*. La segunda es un artículo escrito *in situ* en julio de 1968 y publicado en el número 3-4 de la revista belga *Textures*, durante el invierno de 1968. El tercero es la versión íntegra de un artículo sobre la crisis sistémica del capitalismo, publicado de forma simplificada a finales de 2008 por el diario *Le Monde*. Lo reproduzco aquí porque los dos textos precedentes tratan en gran parte del capitalismo y de su organización política parlamentaria.

1. Mayo del 68 revisitado, cuarenta años después

Me gustaría empezar con una pregunta muy sencilla: ¿a qué viene todo este revuelo sobre Mayo del 68, libros, artículos, programas de televisión, debates, conmemoraciones de todo tipo, cuarenta años después? No hubo nada parecido en el trigésimo o vigésimo aniversario.

La primera respuesta es francamente pesimista. Hoy podemos conmemorar Mayo del 68, porque estamos seguros de que ha muerto. Cuarenta años después, ya no se mueve. Eso es lo que dicen algunos antiguos sesentayochistas notables. Cohn-Bendit, que se ha convertido en un político cualquiera, nos insta a «¡olvidar Mayo del 68!». Estamos en un mundo completamente distinto, la situación ha cambiado totalmente, así que podemos conmemorar nuestra juventud en paz. Nada de lo que ocurrió entonces tiene un significado activo para nosotros. Nostalgia y folclore.

Hay una segunda respuesta, aún más pesimista. Conmemoramos Mayo del 68 porque el verdadero resultado, el verdadero héroe de Mayo del 68, es el propio capitalismo liberal desatado. Las ideas libertarias del 68, la transformación de la moral, el individualismo y el gusto por el placer, encuentran su realización en el capitalismo posmoderno y su colorido mundo de consumismo de todo tipo. Al final, el producto de Mayo del 68 es el propio Sarkozy y, como nos invita a hacer Glucksmann, celebrar Mayo del 68 es celebrar el Occidente liberal valientemente defendido contra los bárbaros por el ejército estadounidense.

Me gustaría contrarrestar estas visiones deprimentes con algunas hipótesis más optimistas sobre la conmemoración.

La primera es que este interés por el 68 responde, sobre todo en una parte importante de los jóvenes, en sentido contrario a la segunda hipótesis, a un auge anti-Sarkozy. En el momento álgido de su negación, la gente se vuelve hacia Mayo del 68 como una posible fuente de inspiración, como una especie de poema histórico, para recuperar el coraje, para reaccionar de verdad cuando se está en el fondo del agujero.

Y luego hay otra hipótesis, aún más optimista. A través de esta conmemoración, incluida su vertiente oficial, comercial y distorsionada, parece existir una oscura idea de que tal vez otro mundo político y social sea posible; de que esta gran idea de cambio radical, que durante dos siglos llevó el nombre de revolución y que atormentó a la gente de este país hace cuarenta años, se está abriendo paso silenciosamente tras el telón de fondo oficial de la completa derrota de esta idea en sí.

Pero debemos empezar desde más atrás.

El punto esencial que debemos comprender es que, si esta conmemoración es complicada y da lugar a hipótesis contradictorias, es porque Mayo del 68 es en sí mismo un acontecimiento sumamente complejo. Es imposible dar de este una imagen unificada y cómoda. Quiero intentar transmitirles esta división interna, esta multiplicidad heterogénea que fue Mayo del 68.

En realidad, hubo cuatro «Mayos del 68» diferentes. La fuerza, la particularidad, del Mayo del 68 francés es que entrelazó, combinó y superpuso cuatro procesos que fueron, al final, bastante heterogéneos. Y si las valoraciones de este acontecimiento son tan diversas, es porque generalmente nos quedamos con un aspecto del mismo y no con la compleja totalidad que hizo de él un gran acontecimiento.

Desmenucemos esta complicación.

Mayo del 68 fue ante todo un levantamiento, una revuelta, de jóvenes estudiantes. Este es el aspecto más espectacular, el más conocido y el que ha dejado las imágenes más fuertes, las que hemos estado revisando recientemente: manifestaciones masivas, barricadas, batallas con la policía, etcétera. Imágenes de violencia, represión y entusiasmo de las que, me parece, debemos extraer tres características. En primer lugar, esta revuelta fue en su momento un fenómeno mundial (México, Alemania, China, Italia, Estados Unidos, etc.). Por tanto, no fue un fenómeno particularmente francés. En segundo lugar, es importante recordar que en aquella época los jóvenes estudiantes representaban una minoría de la juventud. En los años sesenta, entre el 10 y el 15 % de un grupo de edad determinado aprobaba el bachillerato. Cuando hablamos de «estudiantes», hablamos de una pequeña fracción del conjunto de los jóvenes, muy separada de la masa de la juventud obrera. En tercer lugar, los elementos de novedad son de dos tipos: por un lado, la extraordinaria fuerza de la ideología y los símbolos, el vocabulario marxista, la idea de revolución. En segundo lugar, la aceptación de la violencia, defensiva, antirrepresiva, sí, pero en cualquier caso violencia. Eso es lo que dio color a la revuelta. Todo esto constituyó el primer Mayo del 68.

Un segundo Mayo del 68, bastante diferente, fue la mayor huelga general de la historia de Francia. Este fue un componente muy importante. En muchos sentidos, fue una huelga general bastante clásica. Estaba estructurada en torno a las grandes fábricas y dirigida en gran medida por los sindicatos, en particular la CGT. Remite a la anterior gran huelga de este tipo, la del Frente Popular. Se podría decir que, en su extensión, en su forma «media», esta huelga se situaba históricamente en un contexto muy diferente al de la revuelta juvenil. Pertenece a lo que yo llamaría un contexto más clásicamente de izquierdas. Dicho esto, también estuvo impulsada por elementos innovadores de radicalismo. Hay tres elementos radicales.

En primer lugar, la huelga se lanzó en gran medida al margen de las instituciones obreras oficiales. La mayoría de las veces fueron grupos de jóvenes trabajadores quienes iniciaron el movimiento al margen de las grandes organizaciones sindicales, que luego se unieron a él, en parte para poder controlarlo. Así que en este Mayo del 68 obrero había un elemento de revuelta que también era interno a la juventud. Estos jóvenes trabajadores llevaron a cabo lo que a menudo se llamó «huelgas salvajes», para distinguirlas de las grandes jornadas de lucha sindicales tradicionales. Hay que señalar que estas huelgas salvajes comenzaron en 1967, por lo que el Mayo obrero no solo fue un efecto del Mayo estudiantil, sino que también lo anticipó.

Este vínculo temporal e histórico entre el movimiento de la juventud culta y el movimiento obrero es muy especial. El segundo elemento del radicalismo fue el uso sistemático de las ocupaciones de fábricas. Obviamente, esto se heredó de las grandes huelgas de 1936 y 1947, pero fue más generalizado. Casi todas las fábricas estaban ocupadas y cubiertas de banderas rojas. ¡Es una gran imagen! Hay que haber visto lo que era vivir en un país donde todas las fábricas estaban cubiertas de banderas rojas. El tercer elemento «duro» fue que a partir de ese momento, y en los años siguientes, hubo una práctica bastante sistemática de secuestros de patronos y de luchas periféricas con los consejos de dirección o con los CRS. Lo que significa que el punto del que hablaba antes, una cierta aceptación de la violencia, existía no solo en el movimiento estudiantil, sino también en el movimiento obrero de la época. Por último, para terminar con este segundo Mayo del 68, hay que recordar que, dados todos estos factores, la cuestión de la duración y el control del movimiento iba a ser muy aguda. Entre la voluntad de la dirección de la CGT y las prácticas de lo que el historiador Xavier Vigna llama «insubordinación obrera», hubo conflictos en el seno del movimiento huelguístico, conflictos muy acalorados, cuyo símbolo sigue siendo el rechazo de los Acuerdos de Grenelle, por parte de los trabajadores de Renault-Billancourt. Algo permaneció rebelde tras los equilibrios negociadores clásicos de esta huelga general.

Hubo un tercer Mayo del 68, igualmente heterogéneo, que yo llamaría el Mayo libertario. Aquí nos referimos a la transformación de las costumbres sociales, a las nuevas relaciones amorosas, a la libertad individual, cuestión que dio origen al movimiento feminista y luego a los derechos y la emancipación de los homosexuales. También afectó a la esfera cultural, con la idea de un nuevo teatro, una nueva forma de discurso público, un nuevo estilo de acción colectiva, la promoción de los *happenings* y la improvisación, los estados generales del cine... Este fue también un componente particular de Mayo del 68, que podría calificarse de ideológico, y que, aunque a veces se convirtiera en un anarquismo esnob y festivo, contribuyó no obstante al tono general del acontecimiento. No hay más que ver la fuerza gráfica de los carteles de Mayo, inventados por el taller de la École des Beaux-Arts.

Es importante recordar que estos tres componentes siguen siendo distintos, a pesar de sus importantes intersecciones. Puede haber conflictos significativos entre ellos. Hubo verdaderos choques entre el izquierdismo y la izquierda clásica, y también entre el izquierdismo político (representado por el trotskismo y el maoísmo) y el izquierdismo cultural, más anarquista. Todo esto da una imagen de Mayo del 68 como una efervescencia contradictoria y en absoluto como una fiesta unificada. La vida política de Mayo del 68 fue intensa y llena de contradicciones.

Estos tres componentes estuvieron representados por importantes lugares simbólicos. Para los estudiantes, fue la Sorbona ocupada; para los obreros, fueron las grandes fábricas de automóviles (en el corazón de las cuales se encontraba Billancourt); para el Mayo libertario, fue la ocupación del teatro Odéon.

Tres componentes, tres lugares, tres tipos de simbolismo y de discurso y, por tanto, cuarenta años después, tres valoraciones diferentes. Cuando hoy hablamos de Mayo del 68, ¿de qué hablamos? ¿De todo ello o de uno de los tres componentes aisladamente?

Me gustaría argumentar que ninguno de estos tres componentes es el más importante, porque hubo un cuarto Mayo del 68, que es esencial y sigue prescribiendo el futuro. Este Mayo del 68 es menos legible, porque se desarrolló a lo largo del tiempo y no en el momento. Fue lo que siguió al hermoso mes de mayo, dando lugar a intensos años políticos. Es difícil de captar si nos limitamos a las circunstancias iniciales, pero dominó la secuencia de 1968 a 1978, antes de ser suprimido y absorbido por la victoria de la Unión de la Izquierda y los tristes «años de Mitterrand». Nos referiremos a ella como la «década del 68» en lugar de «Mayo del 68».

El proceso del cuarto Mayo del 68 tuvo dos aspectos. En primer lugar, la convicción de que, a partir de los años sesenta, asistíamos al final de una vieja concepción de la política. En segundo lugar, la búsqueda un tanto ciega, a lo largo de la década 1970, de una concepción diferente de la política. La diferencia entre este cuarto elemento y los tres primeros es que está enteramente ocupado por la pregunta: «¿Qué es la política?». Una pregunta que es a la vez muy teórica y muy difícil, y que sin embargo depende de una masa de experimentos inmediatos en los que nos comprometemos con entusiasmo.

La vieja concepción con la que intentamos romper se basaba en la idea dominante (entre todo tipo de militantes), y en este sentido uniformemente aceptada en el campo «revolucionario», de que existe un agente histórico portador de la posibilidad de emancipación. Se le llamaba clase obrera, proletariado, a veces pueblo, se discutía su composición y extensión, pero se admitía su existencia. Esta convicción compartida de que existía un agente «objetivo», inscrito en la realidad social, portador de la posibilidad de emancipación, es sin duda la mayor diferencia entre entonces y ahora. Entre ambos: los sombríos años ochenta. Entonces se asumía que la política de emancipación no era una pura idea, una voluntad, una prescripción, sino que estaba inscrita, y casi programada, en la realidad histórica y social. Una consecuencia de esta convicción es que este agente objetivo debe transformarse en un poder subjetivo, que esta entidad social debe convertirse en un actor subjetivo. Para que esto ocurra, debe estar representado por una organización específica, y esto es precisamente lo que se llama un partido, el partido de la clase obrera, o el partido del pueblo. Este partido debe estar presente allí donde haya lugares de poder o de intervención. Ciertamente hay considerables discusiones sobre qué es este partido, si ya existe, si debe crearse o recrearse, qué forma debe adoptar, etc. Pero hay un acuerdo fundamental sobre la existencia de un agente histórico y sobre la necesidad de su organización. Evidentemente, esta organización política debe tener puntos de anclaje social, organizaciones de masas enraizadas en la realidad social inmediata. Esto plantea toda la cuestión del lugar del sindicalismo, de su relación con el partido y de lo que significa un sindicalismo de lucha de clases.

De ahí surge algo que aún hoy persiste, y es que la acción política emancipadora tiene dos caras. Primero están los movimientos sociales, vinculados a reivindicaciones concretas, y cuyas organizaciones naturales son los sindicatos, y luego está el componente partidario, que consiste en librar batallas para estar presente en todos los lugares de poder posibles, y transportar allí, por así decir, la fuerza y el contenido de los movimientos sociales.

Es lo que podríamos llamar la concepción clásica. En el 68, esta concepción era ampliamente compartida por todos los actores, y sobre todo era omnipresente en su lenguaje. Ya fueran los actores de las instituciones dominantes o los manifestantes, los comunistas ortodoxos o los izquierdistas, los maoístas o los trotskistas, todos utilizaban el léxico de las clases, la lucha de clases, la dirección proletaria de las luchas, las organizaciones de masas y el partido. Después, hay violentos desacuerdos sobre la legitimidad de unos u otros y sobre el significado de los movimientos. Pero el lenguaje es el mismo y el emblema común es la bandera roja. Yo diría que la unidad de Mayo del 68, más allá de sus vehementes contradicciones, fue la bandera roja. En Mayo del 68, por última vez al menos hasta hoy, y sin duda desgraciadamente hasta mañana, la bandera roja cubrió el país, las fábricas, los barrios. Ahora apenas nos atrevemos a sacarla. Hacia finales de mayo, en 1968, podía verse incluso en las ventanas de los pisos de alguna fracción de la burguesía. Pero la verdad secreta, que poco a poco va saliendo a la luz, es que este lenguaje común, simbolizado por la bandera roja, estaba en realidad muriendo. Mayo del 68 presentaba una ambigüedad fundamental entre un lenguaje unánimemente compartido y el principio del fin del uso de ese lenguaje. Entre lo que empieza y lo que se acaba, hay una especie de indistinción temporal, que confiere a Mayo del 68 su misteriosa intensidad.

Prácticamente se estaba muriendo, porque Mayo del 68, y más aún los años que siguieron, fueron un desafío masivo a la legitimidad de las organizaciones históricas de la izquierda, los sindicatos, los partidos y los líderes conocidos. Incluso en las fábricas, hubo un desafío a la disciplina, a la forma habitual de las huelgas, a la jerarquía del trabajo, a la autoridad sindical sobre los movimientos. En todo momento, la acción obrera y popular se ve empujada más allá de su marco normal por iniciativas consideradas anárquicas o salvajes. Por último, y quizás sobre todo, hay una crítica radical de la democracia representativa, del marco parlamentario y electoral, de la «democracia» en el sentido estatal, institucional y constitucional. Sobre todo, no hay que olvidar que el lema final de Mayo del 68 era «Elecciones: trampa para tontos». Y no se trataba solo de una moda ideológica; había razones concretas para esta hostilidad a la democracia representativa. Tras un mes de movilización sin precedentes de los estudiantes, luego de los trabajadores y del público en general, el gobierno consiguió organizar elecciones y ¡el resultado fue la Asamblea Nacional más reaccionaria de la historia! Todo el mundo tuvo entonces claro que el sistema electoral no era solo, ni siquiera principalmente, un sistema de representación; era también un sistema de represión de los movimientos, de las nuevas ideas y de los cambios.

A través de todo esto —toda esta «gran crítica», por utilizar el lenguaje de los revolucionarios chinos, que es esencialmente negativa— emerge una nueva visión, una visión de la política que intenta romper con la visión clásica. Es a este intento al que yo llamo el cuarto Mayo del 68. Un intento de buscar algo que pueda existir más allá de los confines del revolucionarismo clásico, que busca a ciegas, porque busca utilizando el mismo lenguaje que domina la concepción de la que quiere deshacerse. De ahí el tema, obviamente inadecuado, de la «traición» o la «renuncia»: las organizaciones tradicionales traicionan el lenguaje que les es propio. Levantarían —en la bella lengua china— «la bandera roja contra la bandera roja». Si los maoístas llamábamos «revisionistas» al PCF y a sus satélites, era porque pensábamos, como Lenin pensaba de los socialdemócratas Bernstein y Kautsky, que estas organizaciones estaban cambiando el lenguaje marxista que aparentemente utilizaban por su opuesto.

Todavía no nos dábamos cuenta de que era este lenguaje mismo el que había que transformar, esta vez de forma afirmativa. El centro de gravedad de nuestra búsqueda ciega era el conjunto de figuras que marcaban un vinculo directo entre los cuatro mayos diferentes. El cuarto mayo es la diagonal de los otros tres. Nuestro tesoro eran todas las iniciativas tomadas para moverse entre los tres movimientos heterogéneos, y especialmente entre el movimiento estudiantil y el movimiento obrero.

Aquí hay que hablar en imágenes.

Cuando empezó Mayo del 68, yo era profesor en Reims. La universidad (en realidad, un pequeño centro universitario en el que apenas había nada, salvo el departamento propedéutico) estaba en huelga. Un día organizamos una marcha hacia la principal fábrica en huelga de la ciudad, la fábrica Chausson. Marchamos, en una procesión larga y compacta, bajo el sol de aquel día, hacia la fábrica. ¿Qué vamos a hacer allí? No lo sabemos, solo tenemos la vaga idea de que la revuelta estudiantil y la huelga obrera deben unirse, sin la intermediación de las organizaciones convencionales. Llegamos a la fábrica atrincherada, erizada de banderas rojas, con una fila de sindicalistas, recelosos y hostiles, ante las puertas soldadas. Luego se acercan unos cuantos trabajadores jóvenes, y luego otros, y otros mas. Comienzan las discusiones informales. Se produce una especie de fusión local. Ponemos fecha para organizar asambleas conjuntas en la ciudad. Se celebrarán y servirán de base para la creación de una organización de fábrica, el «fondo de solidaridad Chausson», totalmente nueva y vinculada a la organización maoísta UCFML creada a finales de 1969 por Natacha Michel, Sylvain Lazarus, yo mismo y bastantes jóvenes.

Lo que estaba ocurriendo allí, a las puertas de la fábrica Chausson, era completamente inimaginable una semana antes. En general, la sólida maquinaria sindical y de partido mantenía a los obreros, jóvenes e intelectuales firmemente encerrados en sus respectivas organizaciones. El único medio de mediación era la dirección local o nacional. En la situación actual, este sistema se estaba resquebrajando ante nuestros propios ojos. Y nosotros éramos a la vez los protagonistas inmediatos y los espectadores deslumbrados. Eso es un acontecimiento en el sentido filosófico del término: sucede algo que tiene consecuencias incalculables. ¿Cuáles fueron esas consecuencias a lo largo de los diez «años rojos», de 1968 a 1978? Fue la búsqueda común de otro tipo de política por parte de varios miles de estudiantes, alumnos de instituto, obreros, mujeres de los nuevos suburbios obreros y proletarios de África. ¿Qué tipo de política sería esa que no dejase a nadie en su sitio? ¿Sería posible una política que aceptara viajes inéditos, encuentros imposibles, reuniones entre personas que normalmente no se hablan? Comprendimos en aquel momento, sin comprenderlo aún del todo, allí frente a la fábrica *Chausson*, que si una nueva política de emancipación es posible, será una sacudida de las clasificaciones sociales, no consistirá en organizar a cada cual en su lugar, sino que, por el contrario, organizará desplazamientos materiales y mentales relámpago.

Os he contado la historia de un desplazamiento a ciegas. Lo que nos impulsaba era la convicción de que
había que acabar con los lugares. En sentido general,
esto es lo que significa la hermosa palabra comunismo, una sociedad igualitaria, una sociedad que por su
propio movimiento derriba muros y separaciones, una
sociedad de versatilidad y caminos variables, en el trabajo y en la vida. Pero «comunismo» significa también:
formas de organización política cuyo modelo no es la
jerarquía de los lugares. De eso trató el cuarto Mayo
del 68: experimentos que demostraron que la imposible
conmoción de las posiciones sociales era políticamente
posible, mediante una forma inédita de expresarse y
una búsqueda por ensayo y error de formas de organización adecuadas a la novedad del acontecimiento.

Diez años más tarde, el proceso de unificación de la
izquierda y la elección de Mitterrand suprimieron en
parte todo esto, imponiendo aparentemente una vuelta a los modelos clásicos. Volvimos al «cada uno en
su sitio» característico de este modelo: los partidos de
izquierda gobiernan si pueden, los sindicatos reivindican, los intelectuales intelectualizan, los obreros están
en la fábrica, etcétera. Como todas las vueltas al orden,
esta aventura de una «izquierda» que en realidad ya
estaba muerta provocó una ilusión bastante breve en
una gran parte de la población, a principios de los años
ochenta, entre 1980 y 1983. La izquierda no era una
nueva oportunidad en la vida política, era un regreso
fuertemente marcado por los estigmas de la decadencia. Esto resultó evidente a partir de 1982-1983, con las
medidas de «austeridad», el tratamiento de los trabajadores en huelga del Talbot como terroristas chiíes, la
apertura de campos de detención, los decretos contra
la inmigración familiar y la liberalización financiera
sin precedentes de Bérégovoy, que marcó el inicio de
la inclusión de Francia en la forma más feroz del capitalismo globalizado (sobre la crisis sistémica de esta
ferocidad, véase más adelante).

Cerrado este paréntesis, podemos decir que seguimos al borde de las duras cuestiones abiertas por Mayo del 68. Somos contemporáneos del 68 desde el punto de vista de la política, de su definición, de su futuro organizado y, por tanto, en un sentido muy fuerte, de la palabra «contemporáneo». Por supuesto, el mundo ha cambiado, las categorías han cambiado —jóvenes estudiantes, obreros, campesinos—, todo significa algo diferente hoy en día, y las organizaciones sindicales y de partidos, que dominaban entonces, están ahora en ruinas. Pero tenemos el mismo problema, estamos contemplando el problema que el 68 sacó a la luz, a saber, que la figura clásica de la política emancipadora era inoperante. Como activistas en los años sesenta y setenta, no necesitábamos el colapso de la URSS para darnos cuenta de ello. Se intentaron, probaron y experimentaron innumerables cosas nuevas, tanto en el pensamiento como en las prácticas dialécticamente ligadas a él. Y esto continúa, gracias a la energía, a menudo marcada por una aparente soledad, de un puñado de militantes, intelectuales y trabajadores por igual. Ellos son los guardianes del futuro y están inventando ese futuro. Pero no podemos decir que se haya resuelto el problema, el de las nuevas formas de organización adecuadas a la gestión contemporánea de los antagonismos políticos. Es como en la ciencia: hasta que se resuelve un problema, se producen todo tipo de descubrimientos estimulados por la búsqueda de su solución, a veces nacen teorías completamente nuevas por este motivo, pero el problema como tal sigue existiendo. Del mismo modo, podemos definir nuestra contemporaneidad con Mayo del 68, que también puede describirse como fidelidad a Mayo del 68.

Lo primero decisivo es mantener la hipótesis histórica de un mundo liberado de la ley del beneficio y del interés privado. Mientras en el orden de las representaciones intelectuales estemos sometidos a la

convicción de que no podemos acabar con este estado
de cosas, de que es la ley del mundo, ninguna política
de emancipación es posible. Esto es lo que he llamado
la hipótesis comunista. En realidad, es ampliamente
negativa, porque es más seguro y más importante decir que el mundo tal y como es no es necesario, que
decir «en el vacío» que otro mundo es posible. Es una
cuestión de lógica modal: en la lógica impuesta políticamente, pasamos de la no necesidad a la posibilidad.
Sencillamente porque, si aceptamos la necesidad de la
economía capitalista desenfrenada y la política parlamentaria que la sustenta, sencillamente no podemos
ver otras posibilidades en la situación.

En segundo lugar, debemos intentar mantener en
nuestro lenguaje las palabras que todavía eran de todos
en el 68, aunque ya no nos atrevamos a pronunciarlas.
Se nos dice: «El mundo ha cambiado, así que ya no podéis decirlas, sabéis que era un lenguaje de quimeras
y terror». Sí, ¡podemos! ¡Podemos! Debemos hacerlo.
El problema sigue existiendo, por lo que debemos ser
capaces de decir estas palabras. Depende de nosotros
criticarlas, darles un nuevo significado. Debemos ser
capaces de decir «pueblo», «trabajador», «abolición
de la propiedad privada», etc., sin que nos considere-
mos anticuados a nuestros propios ojos. Tenemos que
discutir estas palabras en nuestro propio campo. Tenemos que acabar con el terrorismo del lenguaje que
nos entrega a nuestros enemigos. Abdicar del lenguaje,
aceptar el terror que nos prohíbe pronunciar palabras
que no se ajusten a la convención dominante, es una
opresión intolerable.

Por último, tenemos que darnos cuenta de que toda
política está organizada, y que la cuestión más difícil,
a resolver a través de una serie de experimentos que
comenzaron en el 68, es qué tipo de organización necesitamos. Porque el sistema clásico de partidos, apoyado
en anclajes sociales y cuyas «batallas» más importantes

son en realidad batallas electorales, es una doctrina que ha hecho todo lo que ha podido. Está desgastada, ya no puede funcionar, a pesar de las grandes cosas que pudo realizar, o apoyar, entre 1900 y 1960.

El tratamiento de nuestra lealtad a Mayo del 68 tiene lugar a dos niveles. En el plano ideológico e histórico, debemos hacer nuestro propio balance del siglo XX, para reformular la hipótesis de la emancipación dentro de las condiciones de nuestro tiempo, tras el fracaso de los Estados socialistas. También sabemos que se están llevando a cabo experiencias locales y batallas políticas, y que se están creando nuevas formas de organización a partir de ellas.

Esta combinación de complejos trabajos ideológicos e históricos y de datos teóricos y prácticos sobre las nuevas formas de organización política define nuestra época. Una época que me gustaría llamar la era de la reformulación de la hipótesis comunista. ¿Cuál es, entonces, la virtud más importante para nosotros? Ustedes saben que los revolucionarios de 1792-1794 utilizaron la palabra «virtud». Saint-Just hizo la pregunta crucial: «¿Qué quieren los que no quieren ni virtud ni terror? Y respondió: quieren corrupción. Y eso es exactamente lo que nos exige el mundo actual: el consentimiento a la corrupción generalizada de las mentes, bajo el yugo de la mercancía y el dinero. La virtud política más importante hoy es el coraje. Valentía, no solo frente a la policía —que sin duda vendrá—, sino valentía de defender y practicar nuestras ideas, nuestros principios y nuestras palabras, de afirmar lo que pensamos, lo que queremos y lo que hacemos.

Digámoslo en pocas palabras: necesitamos el valor de tener una idea. Una gran idea. Convenzámonos de que tener una gran idea no es ni ridículo ni criminal. El mundo del capitalismo generalizado y arrogante en el que vivimos nos retrotrae a la década de 1840, al capitalismo naciente, cuyo imperativo, formulado por Guizot, es: «¡Enriqueceos!»; que traduciremos por: «Vivid sin ideas». Tenemos que decir que no se puede vivir sin ideas. Debemos decir: «Tened el valor de apoyar la idea, que solo puede ser la Idea comunista, en su sentido genérico». Por eso seguimos siendo contemporáneos de Mayo del 68. A su manera, este declaró que la vida sin ideas era insoportable. Luego se instaló una larga y terrible resignación. Hoy, demasiada gente piensa que vivir para uno mismo, para sus propios intereses, es ineludible. Tengamos el valor de separarnos de esa gente. Como en el 68, rechacemos el imperativo: «Vivid sin ideas». Como filósofo, os digo algo que se repite desde Platón, algo muy sencillo. Este filósofo os dice que hay que vivir con una idea, y que con esta convicción comienza lo que merece llamarse la verdadera política.

2. Borrador de un comienzo

Estoy muy agradecido a mi amigo David Faroult, en primer lugar por haber encontrado este texto, publicado a finales de 1968 en la revista belga *Textures* y del que yo solo tenía un vago recuerdo, y en segundo lugar por haberme permitido amablemente publicarlo aquí, aunque yo le había cedido su uso exclusivo para una próxima publicación en una revista.

Releyendo este texto, escrito en caliente, justo después de lo que los Guardias Rojos chinos llamaron la «tormenta revolucionaria» de mayo del 68, atraen mi atención tres cosas. En primer lugar, que el análisis, aunque realizado con categorías algo anticuadas (divisiones de clase más bien convencionales, un significado algo etéreo de la palabra «ideología», una evocación anticuada de la «ciencia» marxista-leninista, etc.), sigue siendo legible y eficaz hoy en día. Muestra a la vez la coherencia del movimiento y las formas de su estancamiento, las razones cruciales para mantenerlo y las razones para mirar hacia el futuro, que arrojan luz sobre sus considerables debilidades. Lo más notable es la amplitud de la regresión subjetiva que se ha producido entre el final del episodio de Mayo del 68 (a mediados de los años setenta) y la actualidad. El

texto se pregunta irónicamente, quién se atrevería a
decir todavía (en el verano de 1968), que Occidente es
el baluarte de la libertad. ¡Ay! Hoy, en el otoño de 2008,
muchas personas, muchos intelectuales, no dudarían
en hacer esta estúpida afirmación. La tercera cosa notable es que no se tenía medida de lo que resultaría la
clave de todo: la obsolescencia del leninismo estricto,
centrado en la cuestión del partido, y por medio de
esta centralidad, la sujeción de la política a su secuestro
estatal. Está claro que la cuestión de la organización,
que es la única manera de lograr la unidad política y
práctica entre grupos sociales dispares, es central en
las lecciones de Mayo del 68. El «movimiento» puro
no resuelve ninguno de los problemas que contribuye
a plantear históricamente. Pero en mi texto de la época, el sintagma «partido marxista-leninista» funciona
como una especie de Ábrete Sésamo. Poco después,
junto con algunos amigos, escribí un folleto titulado
«Por un partido marxista-leninista de nuevo tipo». La
frase «de nuevo tipo» denota obviamente cierta preocupación. En realidad, es la propia forma de partido
la que hay que abandonar: la secuencia estalinista ha
demostrado que es inadecuada para los problemas de-
rivados de su uso victorioso en 1917 en Rusia y en 1949
en China. Además, la Revolución Cultural, mencionada en el texto de manera inesencial porque se centraba
en los problemas del movimiento estudiantil, indicó el
límite extremo. Una revuelta de los obreros y de los
jóvenes intelectuales contra el partido, que quedó en
nada dentro del propio partido. Mao había dicho: «La
gente pregunta dónde está la burguesía en nuestro
país. Pues bien, está en el Partido Comunista». Es cierto
que la burguesía había encontrado allí un refugio adecuado y los medios para forjar su nuevo poder, como
muestra la China de hoy, entregada a la acumulación
capitalista al estilo del siglo XIX. Hay que releer el gran
movimiento de Mayo del 68 a la luz de esta constatación: el «partido de clase» es una fórmula tan gloriosa

como saturada. La cuestión de las nuevas formas de disciplina política emancipadora es la cuestión central del comunismo del futuro.

* * *

> Las masas son los verdaderos héroes, mientras que nosotros somos a menudo ridículamente ingenuos.
>
> Mao Zedong

Incluso antes de que comenzara el movimiento, existía la vieja contradicción inherente a la universidad capitalista. En Francia en 1848, en Rusia en 1905-1917, en China en 1919, en América Latina y en Japón, las masas estudiantiles se levantaron heroicamente contra la dictadura burguesa mucho antes que nosotros. En otros lugares, como en México, los Padres han podido garantizar sus intereses contra la brutal exigencia de los Hijos, prueba de que el obstáculo era frágil: provocaciones, armas, sangre.

Por un lado, la creciente incorporación de la ciencia a las fuerzas productivas exige un aumento global de la conciencia teórica de las masas; por otro, el disfrute de los bienes distribuidos (ocio, bienes «culturales», objetos complejos) presupone una especie de comprensión de las coacciones, la escucha y la lectura de la publicidad, la sensibilidad a los incentivos sutiles, etc.; además, la protección política y social de las masas exige un aumento global de la conciencia teórica de las masas. Por último, la protección política y social de la burguesía se basa en parte en la ideología de una brecha entre las clases medias (empleados, directivos, supervisores, funcionarios) y el proletariado: cualquier unidad práctica entre estos dos grupos sería fatal para el poder de clase de la patronal. La conciencia de esta brecha es transmitida por la «cultura» y apoyada por la piedra angular del edificio universitario: la oposición entre el trabajo intelectual y el manual. Por tanto, es esencial proporcionar a las «clases medias» una amplia gama de diferentes tipos de escolarización: se les daría educación secundaria o incluso superior, una marca indeleble de su distancia y su temor a ser proletarizados.

Por otra parte, se trata de asegurar por todos los medios la dominación de la ideología burguesa o, en su defecto, de su término medio en las masas populares: la ideología pequeñoburguesa y socialdemócrata. Esta dominación se basa en gran medida en la ignorancia organizada. Transmitida durante mucho tiempo por las instituciones religiosas, la ignorancia organizada, garantizó, a través del oscurantismo mantenido en las masas campesinas, la clave de bóveda de la estrategia burguesa en Francia desde 1794: la alianza con los productores rurales. El sistema educativo laico se encargó en parte de transmitir esta tarea a las clases medias urbanas. El sistema educativo es, por tanto, la institución permanentemente responsable de superar la siguiente contradicción: ¿cómo elevar la conciencia teórica de grupos cada vez más amplios sin desafiar la supremacía de la ideología burguesa, basada en la ignorancia y la represión intelectual?

La respuesta se ha encontrado en dos direcciones:

1. En la medida de lo posible, los elegidos han sido seleccionados mediante una forma de educación que permite que los determinismos familiares, es decir, los de origen de clase, entren plenamente en juego; al mismo tiempo, se dispuso que los criterios de elección (reglas del buen hablar, manejo de los lugares comunes, estructura pseudocientífica del «problema», rapidez de ejecución —el examen *in situ*—) estén

estrechamente ligados a las ceremonias específicas de la ideología burguesa y, sobre todo, a la
cortesía privada.

2. La práctica teórica «pura» (las ciencias) y la enseñanza ideológica (las letras) se separaron como
dos esencias diferentes, y se pedía a cada cual
que eligiera entre ambas en función de supuestos
«dones» que el sistema se encargaba de detectar.
A largo plazo, esta «elección» implica el sometimiento de la propia ciencia al vago humanismo
en el que languidece el pensamiento «liberal».
En general, nadie es más ciego a los poderes críticos de la ciencia que un científico. Nadie está
mejor preparado por el aparato educativo para
la esclavitud política que el «experto» o el agente
de una especialidad definida.

En Francia, este sistema culmina en el carácter aristo-
crático de las grandes escuelas científicas, vivero de la
alta burguesía, donde la ciencia, bajo la forma bastarda
y estereotipada de la «aridez», característica de las clases preparatorias, va acompañada de una meticulosa
organización de la estupidez ideológica.

Últimamente, sin embargo, estas medidas protecto-
ras parecen estar amenazadas en todas partes. La razón
principal, por supuesto, es que el sistema no ha podido
impedir el establecimiento de liceos y universidades de
masas: el desarrollo de las fuerzas productivas así lo
exige. Desde entonces, una gran fracción de la pequeña
burguesía progresista (es decir, aquellos tentados de
unirse al proletariado debido a su exclusión del poder)
ha tenido acceso a la educación superior, ejerciendo
una presión cada vez mayor sobre su servil academi-
cismo. El carácter decadente de la ideología burguesa
en la fase de descomposición lenta pero segura del
imperialismo, la vacuidad de sus consignas (¿quién

imagina todavía, como repetían las masas engañadas hace solo quince años, que Occidente es el baluarte de la libertad?), el terrorismo plano de la nulidad, han sido desenmascarados por los intelectuales revolucionarios; la lucha victoriosa del pueblo vietnamita ha hecho transparente la máxima enunciada por Mao Zedong hace veinte años: el imperialismo, incluso armado con la bomba atómica, es un tigre de papel.

Sin duda, la dirección de la principal organización de clase del proletariado, el PCF, se había hundido en el revisionismo y el cretinismo parlamentario: no estaba, pues, en condiciones de «tomar en sus manos» la lucha ideológica en la universidad. Pero a distancia, la Gran Revolución Cultural Proletaria mostró la excepcional fuerza revolucionaria de la crítica ideológica radical; recordó el simple rigor del marxismo de lucha de clases; dio un lugar considerable a la revuelta estudiantil; desenmascaró la creciente sumisión de la camarilla revisionista soviética al conformismo tecno-humanista, a la ideología pequeñoburguesa de la «vía pacífica»; reavivó la exigencia de desmantelar la oposición entre trabajo intelectual y trabajo manual, a la vez que entre ciudad y campo; y dio el mayor crédito a la capacidad creadora de las masas.

Por último, el desarrollo relámpago de las «ciencias humanas» ha puesto fin al desorden. Como sabemos, estas disciplinas no son más que instrumentos técnico-policiales para adaptarse a las limitaciones de la sociedad de clases. Utilizan el prestigio de la ciencia para compensar las crecientes desigualdades de poder (sociología de los «estratos sociales»), la inhumanidad de las relaciones laborales (la llamada sociología industrial), las exigencias autoritarias de la división técnica del trabajo (psicología del aprendizaje)... Pero contradicen la sacrosanta diferencia entre las humanidades (humanismo) y las ciencias (tecnología), la pomposa liturgia destinada a «salvar al hombre» de las amenazadoras «garras de la tecnología». (Comprendamos: preservar juntos el desarrollo de las fuerzas productivas, la concentración capitalista y la ideología universalizadora del individuo «libre» y del sufragio universal). Las ciencias humanas revelaron negativamente la existencia y la eficacia de auténticas disciplinas teóricas, cuyo terreno pretendían ocupar y cuyo poder crítico pretendían reprimir: el marxismo y el freudismo. Como el renacimiento de estas dos últimas ciencias se producía fuera del marco de la universidad (ningún examen, en particular, las incluía), la idea de una universidad «paralela» o «crítica» —políticamente absurda, a decir verdad, pero psicológicamente movilizadora— fue ganando terreno. En este sentido, y en Francia, no se puede subestimar la importancia de los seminarios de Althusser o de Lacan: no tanto por su contenido y por el supuesto estructuralismo, sino por la demostración práctica que aportan de la monótona vacuidad y de la lamentable obediencia en la que se ha hundido la institución universitaria propiamente dicha. Un reaprendizaje de la violencia dogmática, aunque vestido, más o menos apropiadamente, con los harapos de la Ciencia, sirve de preparación mental para las abruptas exigencias de las masas. Por lo demás, sin terrorismo teórico no puede haber revolución: diez años y más de «diálogo» han enterrado, antes de los «estructuralistas», esta idea capital.

El conjunto de circunstancias así descritas arroja luz sobre todas las revueltas estudiantiles en los países bajo hegemonía capitalista. Muestra dónde la sobredeterminación convierte la revuelta en peligrosa para el orden social al traspasar un umbral de violencia:

1. Donde las medidas de segregación geográfica (campus) intentan aislar y reducir el efecto social

de la contradicción, a costa de exacerbar su efecto interno.

2. Donde se desarrollan las «ciencias humanas»,
mientras los profesores progresistas, voluntaria-
mente o no, propagan su crítica.

3. Donde la universidad reúne a un gran número
de personas.

4. Donde el tema de la unidad alumno / trabajador
tiene un significado práctico comprensible.

5. Donde la administración universitaria es débil
por una demagogia sin concepto o por un auto-
ritarismo sin medios.

6. Donde los grupos han sido capaces de establecer-
se y propagar activamente fermentos ideológicos
revolucionarios, apoyados por iniciativas prácticas llamativas e inmediatamente eficaces.

Nanterre se despliega aquí.

*

La contradicción que se desarrolló inicialmente en un
ambiente pequeñoburgués se vio agravada por los
aspectos «patológicos» del gaullismo. Este régimen,
vinculado a la tradición nacional del bonapartismo,
tendía a crear una alianza directa entre la alta burguesía (que ejercía el poder sin intermediarios: Pompidou
y su camarilla) y las clases o capas sociales tradicionalmente no organizadas: el campesinado, los parásitos
de la distribución, la fracción de las masas trabajadoras
desalentada por la capitulación comunista, pero que,
sin apoyo ideológico, se hundía en el espontaneísmo
económico y el culto a la autoridad del Estado. La

reivindicación «democrática» y la hostilidad al «poder personal», *leitmotiv* tanto de los socialdemócratas como de los revisionistas, tejen la queja de la pequeña burguesía excluida del poder: mientras llora la feliz época prebonapartista en que compraba a la burguesía la matraca ministerial al alto precio del anticomunismo y la represión, se ve empujada poco a poco, contra su deseo dominante, hacia una política de alianza con el proletariado. La pequeña burguesía solo puede concebir esta alianza en términos de orden, es decir, en forma de regateo burocrático y electoral. Pero, al final, se ha resignado a ello. En 1967, grandes masas de electores centristas dieron su voto a los comunistas en la segunda vuelta: emblema de una situación en la que la lenta y confusa operación Mitterrand llevaba tres años en marcha.

Este contexto pone de relieve la importancia de lo que está en juego. La educación nacional es un bastión histórico de la pequeña burguesía, el instrumento de sus esperanzas de ascenso social: acceso a la burguesía de los negocios a través del ascetismo matemático de las grandes escuelas; acceso al prestigio político a través de estudios superiores de derecho o literatura. La «prioridad de la educación nacional», el fetichismo de la escuela, una concepción pedagógica y reformista del «progreso social», cimentan la doctrina pequeñoburguesa. Desde 1958, el sistema escolar ha sido el lugar de mayor resistencia al bonapartismo.

La voluntad gaullista de reducir esta resistencia sometiendo la universidad a las exigencias del gran capital y desmantelando los soportes institucionales (escolares) de transmisión de la ideología democrática, han marcado el inicio de la crisis: empobrecimiento y feminización de los primeros ciclos de enseñanza; parcelación tecnocrática de la enseñanza secundaria, que por lo demás se dejaba en manos de las masas; selección draconiana y orientación rígida en la enseñanza superior. A partir de 1966, el plan Fouchet, aplicación demasiado clara de esta política, ha chocado con una resistencia enérgica o se ha marchitado en un desorden consensuado.

«La crisis esta madura»: 1967-1968 fue un año caótico, plagado de incidentes. Los pequeños grupos revolucionarios que estaban al acecho se vieron reforzados por el elemento de contradicción. Ayudaron a evitar la fascistización del medio estudiantil, otro posible resultado del resentimiento pequeñoburgués. A través de las luchas antiimperialistas implantaron algunas nociones dispersas de marxismo-leninismo en las masas.

Por último, una serie de desatinos (menos asunto de la historia que de la crónica) han aglutinado, no a la intelectualidad, tradicionalmente ligada a los estudiantes, sino a amplios sectores de la propia burguesía, en torno a la adecuada cuestión de la represión policial. Conscientemente o no de la extraordinaria capacidad creativa de las masas, los estudiantes han utilizado todos los recursos de la contradicción, especialmente el que prohíbe a las autoridades ir más lejos en su ruptura con la pequeña burguesía, por ejemplo, disparando contra la multitud. Eso sería un *casus belli* de clase y una situación política muy peligrosa. En este contexto, los estudiantes han luchado valientemente, utilizando sucesivas invenciones prácticas (grupos móviles bastante bien equipados, barricadas, insolencia calculada) para obligar a la policía a ir «demasiado lejos» en el «no demasiado lejos» general que les imponía la situación política. Con la opinión burguesa, la prensa y la radio unidas contra este «demasiado lejos», el gobierno tuvo que ceder.

Hay que señalar que el gobierno no había tenido nada que temer unos meses antes, cuando los jóvenes obreros de Caen o Redon habían luchado contra la policía con más violencia y obstinación que los grupos del Barrio Latino. Por tanto, no es cierto que la crisis se deba únicamente a la militancia estudiantil: en efecto, la violencia da sus frutos, pero solo en el contexto adecuado, en el momento en el que se invierte una relación de fuerzas. La crisis resulta del hecho de que un destacamento avanzado de la pequeña burguesía (los estudiantes) cristaliza en torno a su contraviolencia el resentimiento acumulado, divide la base de clase del poder del Estado y corre el riesgo de provocar en cualquier momento la intervención del proletariado, que no tarda en aprovechar el descalabro de su adversario histórico. Por el contrario, contra los obreros de Caen, Redon y Le Mans, el gaullismo se benefició, hay que decirlo, del apoyo, o de la indiferencia, de las masas pequeñoburguesas, incluidos los estudiantes. En Mayo, la configuración triangular, clave de la lucha de clases, pudo cambiar de signo, y tal es el concepto de virtualidad revolucionaria.

Esta virtualidad concierne, *y concierne hasta el final*, a un movimiento de masas con *dirección pequeñoburguesa*. El derrocamiento revolucionario (no legal) de la *forma* bonapartista del poder estatal era una posibilidad objetiva en mayo. Pero la inexistencia de un auténtico partido marxista-leninista siempre impidió al proletariado reivindicar la dirección ideológica y política de la lucha. Por esta misma razón, el derrocamiento revolucionario del poder burgués *en cuanto tal* nunca ha sido posible, ni siquiera ha venido señalado por la coyuntura, salvo en la ensoñación hiperizquierdista, cien veces descrita por Lenin, de los pequeñoburgueses incendiarios y parlanchines. La consigna correcta era (y sigue siendo) «Viva la revolución democrática popular». Solo en el desarrollo posterior de la lucha, y mediante la demostración práctica de su fuerza, de su capacidad política para llevar a cabo la consigna, el proletariado pudo pretender hacerse con la dirección del movimiento. Hipótesis, planes de futuro.

Ante el riesgo real, que podía llevar a la caída de una fracción burguesa, el aparato del Estado, en primer lugar, retrocedió. Las condiciones particulares de su retirada la hicieron espectacular: había en efecto, punto esencial en un enfrentamiento, *claridad de lo que está en juego*: las «tres condiciones» de la UNEF, una excelente decisión táctica, apoyada sin fisuras, fueron aquellas sobre las que Pompidou capituló. Esta demostración pública de la eficacia de los métodos activistas convirtió de repente en ofensivas las tesis que durante años habían sostenido en vano pequeñas minorías de los círculos obreros: grupos trotskistas de Voie Ouvrière, militantes maoístas de la UJCML (Unión de Jóvenes Comunistas Marxistas Leninistas) ligados a la producción, anarcosindicalistas de FO. Estas minorías desempeñaron un papel decisivo en el desencadenamiento de las huelgas en Sud-Aviation y Renault.

Sin embargo, la «victoria» de los estudiantes y la posterior ocupación de los locales plantearon problemas insolubles, estos son: la organización del movimiento, su marco ideológico y su objetivo estratégico. Apenas unidos en torno a la cuestión negativa y humanista de la barbarie policial, simbolizada por el eslogan «CRS-SS», desprovisto de todo contenido político real, y al que intentaban volver cada vez que el movimiento se desmoronaba (como con el revival intentado en torno al libro negro de la UNEF), la pequeña burguesía redescubrió su hostilidad al rigor proletario del socialismo científico, su desconfianza congénita hacia las organizaciones de clase, e incluso hacia la organización *tout court*, su individualismo emocional, que oscila entre el entusiasmo hiperrevolucionario y el abatimiento más negro, pasando por el sentimiento melancólico y hosco de la traición.

La gesticulación capituladora de los expertos de la CGT alimentaron dialécticamente estas inevitables carencias, tanto más graves cuanto que les daban

apariencia de justificación. A partir de entonces, asisti-
mos a la resurrección más asombrosa de esas variantes
del socialismo utópico que, desde el siglo XIX, habían constituido el humus inmutable de la tradición
obrera y democrática francesa, así como su obstáculo permanente a la eficacia finalmente aportada por
el marxismo-leninismo. Entre el reformismo legal,
que crea improbables «autonomías» fuera de toda
comprensión de la relación de fuerzas, y el golpismo
al estilo Blanqui, en el que, bajo la apariencia de una
guerrilla urbana, el enorme aparato del Estado es derribado por la acción irrisoria de unos cuantos grupos
con casco y armados con palos (su valor está fuera de
toda duda, y resulta singularmente nuevo), el punto de equilibrio se establece naturalmente en torno a
dos nombres, el primero tanto más ignorado cuanto
que es ideológicamente el más masivo, el más espon-
táneamente presente: Proudhon; el segundo, apoyado
por la actividad del grupo revolucionario «marxista»
más coherente, las Juventudes Comunistas Revolucionarias: Trotsky. La autogestión y la descentralización
procedían del primero; la omnipotencia de la huelga
general y la condena tajante de las «burocracias» procedían del segundo. La idea de los «poderes múltiples»
descompuso la cuestión fundamental de la dictadura
del proletariado; la justa denuncia de los errores de
Stalin sirvió de hecho de envoltorio para la indisciplina
individualista, el eclecticismo doctrinal y la confusión
permanente entre la Revolución y la Fiesta.

En un giro paradójico, la propia idea de organización,
cuando finalmente surgió, era estrecha, aristocrática,
«vanguardista» y militar. Ignoraba las exigencias de la
organización y del armamento ideológico de las propias
masas. La incertidumbre característica de la pequeña
burguesía se encuentra, pues, en las querellas entre
el *infrabolchevismo* de la espontaneidad de las masas y el
hiperbolchevismo de la vanguardia intelectual. Es cierto

que solo la preponderancia absoluta del pensamiento de Mao Zedong sobre las exigencias de la línea de masas podía interrumpir este vaivén. Pero no fue así.

La repentina irrupción de la clase obrera se produciría así a través del encantador estruendo del entusiasmo pequeñoburgués. Nadie daría forma y voz a esta formidable y silenciosa agitación. Las condiciones para la unidad práctica nunca se cumplirían.

Queda por decir cómo la tormenta revolucionaria fue más bien un ciclón, virando violentamente en torno a este lugar vacío, a este blanco central, donde faltaba la organización comunista, pero a distancia de la cual, y preservando la falta, estaba la enorme y pesada máquina de Waldeck Rochet y Séguy; un lugar donde los militantes armados con el pensamiento de Mao Zedong deberían haber informado y dirigido la lucha, pero donde de hecho los «payasos revisionistas», según la excelente fórmula de *Peking Information*, pretendían «contonearse».

Payasos tristes, payasos blancos. Al menos, la marea de banderas rojas, mostrando por contraste su tenebroso color, los ha arrojado, a los ojos de las masas, a ellos y a sus máscaras de cartón, al basurero de la historia, abierto de par en par.

3. ¿De que real es esta crisis el espectáculo?

La crisis financiera mundial, tal y como se nos presenta, se asemeja a una de esas películas de malos malísimos urdidas por la fábrica de éxitos preformados que ahora llamamos «cine». No falta nada: el espectáculo progresivo del desastre, el suspense con sus enormes hilos, el exotismo de lo idéntico —la bolsa de Yakarta alojada en el mismo edificio espectacular que NuevaYork, la diagonal de Moscú a São Paulo, por todas partes los mismos bancos incendiados— y los mismos giros de guión aterrorizantes. Pero aún hay esperanza: en el centro de la escena, ojerosos y concentrados como en una película de catástrofes, el pequeño escuadrón de los poderosos, los bomberos del incendio monetario, los Sarkozy, Paulson, Merkel, Brown y otros Trichet, están vertiendo miles y miles de millones en el agujero central. Ya nos preguntaremos más adelante (esto es para los culebrones venideros) de dónde sacan el dinero, ya que llevan años dándose la vuelta al bolsillo a la menor petición de los pobres que no tienen un céntimo. De momento, no importa. «¡Salven los bancos!». Este noble grito humanista y demócrata brota de todos los pechos políticos y mediáticos. ¡Salvadlos a toda costa! No es un precio pequeño.

Tengo que confesarlo: yo mismo, a la vista de las cifras que circulan y que, como casi todo el mundo, no puedo imaginar lo que significan (¿qué son exactamente 140.000 millones de euros?), tengo confianza. Pongo toda mi confianza en los Bomberos. Unidos, lo sé, lo presiento, triunfarán. Los bancos serán aún más grandes que antes, y algunos de los pequeños y medianos, que solo han podido sobrevivir gracias a la benevolencia de los gobiernos, serán entregados a esos bancos más grandes por una miseria. ¿El colapso del capitalismo? Debe estar de broma. ¿Quién quiere eso? ¿Quién sabe siquiera lo que eso significa? Salvemos a los bancos, digo yo, y el resto vendrá después. Para los directamente implicados en la película, es decir, los ricos, sus sirvientes, sus parásitos, los que les envidian y los que les alaban, es inevitable un final feliz, tal vez un poco melancólico, dado lo que es hoy el mundo y las políticas que se despliegan en él.

Dirijámonos en cambio a los espectadores de este espectáculo, la multitud atónita que, vagamente preocupada, entendiendo poco, totalmente desconectada de cualquier implicación activa en la circunstancia, oye el estruendo lejano de los bancos asediados, y adivina los fines de semana, que son verdaderamente desgarradores, a la gloriosa y pequeña tropa de jefes de gobierno, ve pasar las oscuras y astronómicas cifras, y compara mecánicamente con ellas los recursos que son suyos, o incluso, para una parte muy considerable de la humanidad, el puro y simple no-recurso que es a la vez el fondo amargo y valiente de su vida. Digo que esto es *lo real*, y que solo tendremos acceso a ello si nos apartamos de la pantalla del espectáculo para considerar la masa invisible de aquellos para quienes, justo antes de verse abocados a algo aún peor que lo que estaban viviendo, la película de la catástrofe, incluido el sensiblero final (Sarko abraza a Merkel, y todos lloran de alegría), nunca fue más que un juego de sombras.

En las últimas semanas se ha hablado mucho de la «economía real» (la producción y circulación de bienes) y de la economía —¿cómo decirlo, la economía irreal?— de donde procedía todo el mal, dado que sus agentes se habían vuelto «irresponsables», «irracionales», «depredadores», triturando en la rapacidad, luego en el pánico, la masa ahora informe de acciones, titulizaciones y dinero. Esta distinción es absurda y por lo general venía desmentida dos líneas más tarde cuando, utilizando una metáfora en sentido contrario, la circulación financiera y la especulación eran presentadas como el «torrente sanguíneo» de la economía. ¿Se eliminarían el corazón y la sangre de la realidad viva de un cuerpo? ¿Un infarto financiero sería indiferente a la salud de la economía en su conjunto? Por supuesto, el capitalismo financiero siempre ha sido —y en este caso desde hace cinco siglos— un componente central del capitalismo en general. En cuanto a los propietarios y gestores de este sistema, solo son «responsables» de los beneficios, su «racionalidad» es medible en términos de beneficios, y no solo son depredadores, sino que tienen el deber de serlo.

Por tanto, no hay nada más «real» en la bodega de la producción capitalista que en sus compartimentos mercantil o especulativo. Estos dos últimos, además, corrompen a los primeros: la inmensa mayoría de los objetos producidos por este tipo de maquinaria, al estar ordenados únicamente por el beneficio y las especulaciones derivadas de él, que son la parte más rápida y considerable de ese beneficio, son feos, engorrosos, incómodos e inútiles, y hay que gastar miles de millones para convencer a la gente de lo contrario. Esto significa convertir a la gente en niños caprichosos, eternos adolescentes cuya existencia consiste en cambiar de juguetes.

La vuelta de lo real no es, desde luego, el movimiento que lleva de la mala especulación «irracional» a la producción sana. Es la vuelta a la vida, inmediata y reflexiva, de todos los que habitan este mundo. Es desde aquí desde donde podemos observar sin titubear el capitalismo, incluida la película de catástrofes que nos impone estos días. Lo real no es esta película, sino el teatro.

¿Qué vemos cuando le damos la vuelta o lo ponemos del revés? ¿Qué vemos, si conseguimos desprendernos de la ligera angustia de vacío que nuestros amos esperan que nos haga rogarles que salven los bancos? Lo que vemos —y a esto se le llama ver— son cosas sencillas que sabemos desde hace mucho tiempo: el capitalismo no es más que una forma de bandidaje, irracional en su esencia y devastador en su futuro. Siempre ha hecho pagar unas breves décadas de prosperidad salvajemente desigual con crisis en las que han desaparecido cantidades astronómicas de valor, sangrientas expediciones punitivas en todos los ámbitos que considera estratégicos o amenazadores y guerras mundiales en las que ha recuperado la salud. Es el poder didáctico de una mirada al revés de la crisis cinematográfica. ¿Cómo se atreve alguien, frente a la vida de los que nos miran, a alabar un sistema que deja la organización de la vida colectiva a los impulsos más bajos, la codicia, la rivalidad y el egoísmo mecánico? ¿Quieren que alabemos una «democracia» en la que los gobernantes son los servidores de la apropiación financiera privada con tal impunidad que asombrarían al propio Marx, que ya describía a los gobiernos hace ciento sesenta años como «los agentes del Capital»? ¿Queremos absolutamente que los ciudadanos de a pie «comprendan» que es totalmente imposible tapar el agujero de la Seguridad Social, pero que hay que tapar el de los bancos sin contar los miles de millones? ¿Debemos aprobar gravemente que nadie se plantee nacionalizar una fábrica en dificultades a causa de la competencia, una fábrica en la que trabajan miles de obreros, pero que sea obvio hacerlo para un banco arruinado por la especulación?

En nuestro caso, lo real era claramente evidente antes de la crisis. ¿De dónde viene toda esta fantasía financiera? Sencillamente, del hecho de que a personas que no tenían forma de comprar se les vendieron a la fuerza casas deslumbrantes, con la promesa de préstamos milagrosos. Las promesas de reembolso de estas personas se revendían después mezclándolas, como se hace con las drogas, con títulos financieros cuya composición era tan hábil como opaca gracias al trabajo de batallones de matemáticos. Todo esto circulaba, recomprado y recomprado, a valoraciones cada vez más altas, en los bancos más lejanos. La garantía material de esta circulación eran las casas, sí. Pero bastó que el mercado inmobiliario se diera la vuelta para que, con esta garantía valiendo menos y los acreedores exigiendo más, los compradores fueran cada vez menos capaces de pagar sus deudas. Y cuando finalmente ya no pudieron hacerlo, las drogas que se habían infiltrado en los títulos financieros los envenenaron: no valían nada. A primera vista, es un empate: el especulador pierde su apuesta y los compradores pierden su casa, de la que son desalojados suavemente. Sin embargo, la realidad de este empate está, como siempre, del lado del colectivo, de la vida ordinaria: en última instancia, todo se deriva del hecho de que hay decenas de millones de personas cuyo salario, o falta de salario, significa que ya no pueden permitirse una vivienda. La verdadera esencia de la crisis financiera es la crisis de la vivienda. Y las personas que no pueden permitirse una vivienda no son en absoluto los banqueros. Siempre hay que volver a las cosas corrientes de la vida.

Lo único que podemos esperar en este asunto es que esta realidad se encuentre también, en la medida de lo posible, aguas abajo de la crisis. Es decir, en las lecciones aprendidas por la gente, y no por los banqueros, los gobiernos que les sirven y los periódicos que sirven a los gobiernos, de toda esta oscura escena.

Veo dos niveles articulados de esta vuelta a la realidad. El primero es claramente político. Puesto que, como ha mostrado la película, la política «democrática» no es más que un servicio apresurado a los bancos, y puesto que su verdadero nombre es capitalismo-parlamentarismo, conviene, como han empezado a hacer muchos experimentos en los últimos veinte años, organizar una política de naturaleza totalmente diferente. Esta política está, y sin duda lo estará durante mucho tiempo, muy lejos del poder del Estado, pero eso no importa. Comienza a nivel del suelo, a través de la alianza práctica de las personas más inmediatamente disponibles para inventarla: los nuevos proletarios de África y otros lugares, y los intelectuales que han heredado las batallas políticas de las últimas décadas. Se ampliará en función de lo que pueda hacer, punto por punto. No mantendrá ningún tipo de relación orgánica con los partidos existentes y el sistema electoral e institucional que los sustenta. Inventará la nueva disciplina de los que no tienen nada, su capacidad política, la nueva idea de lo que sería su victoria.

El segundo nivel es ideológico. Hay que anular el viejo veredicto de que estamos en el «fin de las ideologías». Hoy podemos ver muy claramente que ese supuesto fin no tiene más realidad que el eslogan «Salvemos a los bancos». Nada es más importante que redescubrir la pasión de las ideas, y oponer al mundo, tal como es, una hipótesis general, la certeza anticipada de un curso completamente diferente de los acontecimientos. Al espectáculo nefasto del capitalismo, oponemos la realidad de los pueblos, de la vida de las personas en el movimiento mismo de las ideas. El motivo de la emancipación humana no ha perdido nada de su fuerza. La palabra «comunismo», que durante mucho tiempo dio nombre a este poder, ha sido ciertamente degradada y prostituida. Pero hoy, su desaparición solo sirve a los partidarios del orden, a los febriles actores de la película de catástrofes. Vamos a resucitarlo en su nueva claridad. Que es también su antigua virtud, cuando Marx decía del comunismo que «rompía de la manera más radical con las ideas tradicionales» y que daba lugar a «una asociación en la que el libre desarrollo de cada uno es la condición del libre desarrollo de todos».

Una ruptura total con el capitalismo-parlamentarismo, una política inventada en sintonía con la realidad popular, la soberanía de la idea: todo está aquí, para liberarnos de la película de la crisis y devolvernos a nuestro propio alzamiento.

II

¿La última revolución?

¿Por qué?[1]

¿Por qué hablar de la «Revolución Cultural», nombre oficial de un largo periodo de fuertes turbulencias en la China comunista entre 1965 y 1976? Por tres razones al menos.

1. La Revolución Cultural fue un punto de referencia constante y vivo para la acción militante en todo el mundo, y particularmente en Francia, al menos entre 1967 y 1976. Forma parte de nuestra historia política, fundó la existencia de la corriente maoísta, única creación real de los años sesenta y setenta. Puedo decir «nosotros», yo estaba allí, y en cierto sentido, citando a Rimbaud, «estoy allí, sigo allí». La incansable inventiva de los revolucionarios chinos ha dado lugar a todo tipo de trayectorias subjetivas y prácticas. Ya los chinos —y luego nosotros— llamaron «revolucionarización» a cambiar la subjetividad, a vivir de otra manera, a pensar de otra manera. Decían: «Cambiar al hombre

---

[1] Este texto se inspira en las *Conférences du Rouge-gorge*, creadas en 2001 por Natacha Michel y yo mismo.

en su nivel más profundo». Enseñaron que, en la práctica política, ya que la vieja visión del mundo sigue tan presente en nosotros, debemos ser ambas cosas, «el arquero y la diana». A finales de los años sesenta, íbamos a todas partes, a las fábricas, a los barrios y al campo. Decenas de miles de estudiantes se hacían proletarios o vivían en albergues para obreros. También estaban las palabras de la Revolución Cultural: «grandes intercambios de experiencias», «servir al pueblo» y, como siempre esencial, «enlace de masas». Luchábamos contra la inercia brutal del PCF, contra su conservadurismo violento. También en China se atacaba el burocratismo del partido, lo que se llamaba «luchar contra el revisionismo». Incluso las escisiones y enfrentamientos entre revolucionarios de diferentes orientaciones se llamaban al estilo chino: «expulsar a la banda negra», deshacerse de los que eran «de izquierdas en apariencia y de derechas en realidad». Cuando llegábamos a una situación política popular, a una huelga de fábrica o a un enfrentamiento con los gerentes fascistas de los albergues para obreros, sabíamos que teníamos que «sobresalir en el descubrimiento de la izquierda proletaria, agrupar al centro, aislar y aplastar a la derecha». El «pequeño libro rojo» de Mao era nuestra guía, pero en absoluto, como dicen los insensatos, con fines de catequización dogmática, sino, por el contrario, para iluminarnos e inventar nuevos caminos en todo tipo de situaciones dispares hasta entonces desconocidas para nosotros. Sobre todo esto —no siendo de los que cubren su abandono y su adhesión a la reacción establecida con referencias a la psicología de las ilusiones o a la moral del extravío— solo podemos citar nuestras fuentes y rendir homenaje a los revolucionarios chinos.

2. La Revolución Cultural es un ejemplo típico (otra noción maoísta, un ejemplo típico: una invención revolucionaria que hay que generalizar) de un experimento

político que satura la forma del partido-Estado. Aquí utilizo la categoría de «saturación» en el sentido que le da Sylvain Lazarus:[2] intentaré demostrar que la Revolución Cultural es la última secuencia política significativa todavía interna al partido-Estado (en este caso, el Partido Comunista Chino), y que fracasó allí. Mayo del 68 y sus secuelas son harina de otro costal. El movimiento polaco y Chiapas son otra cosa. La organización política es algo totalmente distinto. Pero sin la saturación de los años sesenta y setenta, todavía no habría nada concebible fuera del espectro de los partidos-Estado.[3]

3. La Revolución Cultural es una gran lección de historia y política, de la historia vista a través del prisma de la política (y no al revés). Caso de examinar esta «revolución» (la propia palabra está en el centro de la saturación) de acuerdo con la historiografía dominante o desde el punto de vista de una verdadera cuestión política, llegamos a discrepancias sorprendentes. Lo importante es tener claro que la naturaleza de esta discrepancia no se sitúa en el registro empírico o positivista de la exactitud o la inexactitud. Podemos estar de acuerdo en los hechos y llegar a juicios perfectamente opuestos. Es precisamente esta paradoja la que nos servirá de punto de partida.

Relatos

La versión historiográfica dominante fue elaborada por diversos especialistas, en particular sinólogos, ya en 1968, y no ha cambiado desde entonces. Se ha

---

[2] S. Lazarus, *Anthropologie du nom,* París, Le Seuil, 1996, p. 37.

[3] Sobre el/los partido(s)-Estado(s) como figuras centrales de la política del siglo xx, véase la Conferencia de Rouge-Gorge: «Les régimes du siècle», pronunciada por Sylvain Lazarus.

consolidado al convertirse, silenciosamente, en la versión oficial de un Estado chino dominado desde 1976
por los supervivientes y revanchistas de la Revolución
Cultural, con Deng Xiaoping a la cabeza.

¿Qué dice esta versión?[4] Que la revolución fue en
realidad una lucha por el poder en la cúspide de la
burocracia del partido-Estado. Que el voluntarismo
económico de Mao, encarnado en el eslogan del «Gran
Salto Adelante», fue un completo fracaso, hasta el punto de provocar el regreso de la hambruna al campo.
Tras este fracaso, Mao quedó en minoría en los órganos
de dirección del partido, y un grupo «pragmático» cuyas figuras dominantes eran Liu Shaoqi (nombrado
entonces Presidente de la República), Deng Xiaoping
(secretario general del partido) y Peng Zhen (alcalde de
Pekín) impuso su ley. Que Mao había intentado dirigir
una contraofensiva ya en 1963, pero que había fracasado en los órganos regulares del partido. Que entonces
recurrió a fuerzas ajenas al partido, ya fueran externas
(los Guardias Rojos estudiantiles) o externas/internas,
en particular el ejército, sobre el que recuperó el control
tras la eliminación de Peng Dehuai y su sustitución por
Lin Biao.[5]

El deseo de Mao de recuperar el poder llevó a una
situación caótica y sangrienta, que nunca se estabilizó
hasta su muerte en 1976. Todos estaremos de acuerdo
en que nada en esta versión es estrictamente inexacto.
Pero tampoco nada adquiere el verdadero significado
que solo puede dar una comprensión política de los
episodios, su concentración en una forma de pensar
que sigue activa hoy en día.

---

[4] El libro que expone el estilo general de las versiones oficiales o
«críticas» (por una vez extrañamente de acuerdo) de la Revolución
Cultural es *Les Habits neufs du président Mao*, de Simon Leys, LGF.

[5] Sobre estos episodios, y más en general sobre los principales
acontecimientos del periodo, véase la cronología que sigue.

1. ¿No hay estabilización? Desde luego que no. Pero es que resultó imposible desplegar la novedad política en el marco del partido-Estado. Ni la amplia libertad creativa de las masas estudiantiles y trabajadoras (entre 1966 y 1968), ni el control ideológico y estatal del ejército (entre 1968 y 1971), ni la resolución fragmentaria de las cuestiones en un buró político donde se enfrentaban tendencias antagónicas (entre 1972 y 1976), permitieron que las ideas revolucionarias se afianzaran y que surgiera finalmente a escala mundial una situación política completamente nueva, totalmente desvinculada del modelo soviético.

2. ¿Recurrir a fuerzas exteriores? Sí. Pero este recurso fue un intento de conseguir, y tuvo el efecto —tanto a corto como a medio plazo, y quizás incluso hoy— de desintegrar parcialmente el partido y el Estado. El objetivo era arruinar el formalismo burocrático, al menos mientras durara un movimiento gigantesco. El hecho de que al mismo tiempo se provocara la anarquía fraccional apunta a una cuestión política esencial para los tiempos venideros: ¿cuál es la base de la unidad política si no está directamente garantizada por la unidad formal del Estado?

3. ¿Una lucha por el poder? Evidentemente. Es bastante ridículo contraponerla a la «revolución», ya que esta solo puede entenderse como la articulación de fuerzas políticas antagónicas en torno a la cuestión del poder. Por cierto, los maoístas han citado constantemente a Lenin, para quien la cuestión de la revolución es explícitamente y en última instancia la del poder. El verdadero problema, y muy complejo, es si la Revolución Cultural puso fin a la concepción revolucionaria de la relación entre política y Estado. Esta fue de hecho su gran cuestión, su debate central y violento.

4. ¿Fue el «Gran Salto Adelante» un cruel fracaso? Sí, en muchos aspectos. Pero este fracaso es el resultado

de un examen crítico de la doctrina económica de Stalin. No es en absoluto el resultado de un tratamiento uniforme de las cuestiones relativas al desarrollo del campo por el «totalitarismo». Mao examinó severamente la concepción de la colectivización de Stalin y su insondable desprecio por los campesinos, como atestiguan numerosas notas escritas. Su idea no era en absoluto colectivizar violenta y forzosamente, asegurar a toda costa la acumulación en las ciudades. Al contrario, su idea era industrializar el campo sobre el terreno, dotarlo de cierta autonomía económica, para evitar la proletarización y la urbanización incontrolada que se habían convertido en una catástrofe en la URSS. En realidad, Mao seguía la Idea comunista de una resolución efectiva de la contradicción entre las ciudades y el campo, y no la de un borrado violento del campo en beneficio de las ciudades. Si hubo un fracaso, fue político, y uno completamente distinto al de Stalin.

En definitiva, hay que decir que la misma descripción abstracta de las cosas no conduce en modo alguno al mismo pensamiento si este opera según axiomas políticos diferentes.

Fechas

La disputa sobre las fechas es igual de evidente. La opinión dominante, que es también la del Estado chino, es que la Revolución Cultural duró diez años, de 1966 a 1976, desde los Guardias Rojos hasta la muerte de Mao. Diez años de agitación, diez años perdidos para el desarrollo racional.

De hecho, esta datación puede defenderse, si razonamos estrictamente desde el punto de vista de la historia del Estado chino, con los siguientes criterios: estabilidad civil, producción, cierta unidad al frente de las administraciones, cohesión del ejército, etc. Pero este no es mi axioma, y estos no son mis criterios. Si examinamos la cuestión de las fechas desde el punto de vista de la política, de la invención política, el criterio principal pasa a ser: ¿cuándo podemos decir que existen creaciones colectivas de pensamiento, de tipo político? ¿Cuándo la práctica y las consignas tienen un exceso verificable sobre la tradición y la función del partido-Estado chino? ¿Cuándo surgen declaraciones de valor universal? Entonces, los límites del proceso conocido como «Gran Revolución Cultural Proletaria», que antes llamábamos «GRCP», se establecen de forma muy distinta.

Por mi parte, propongo decir que la Revolución Cultural, así concebida, forma una secuencia que va de noviembre de 1965 a julio de 1968. Podría incluso aceptar (se trata de una discusión de técnica política) una restricción drástica, que situaría el momento revolucionario propiamente dicho entre mayo de 1966 y septiembre de 1967. El criterio es la existencia de una actividad política de masas, con sus propias consignas, sus propias nuevas organizaciones, sus propios lugares. Esto constituye un punto de referencia ambivalente pero indiscutible para todo el pensamiento político contemporáneo digno de ese nombre. En este sentido, hay una «revolución» porque hay Guardias Rojos, rebeldes obreros revolucionarios, innumerables organizaciones y «cuarteles generales», situaciones totalmente imprevisibles, nuevas declaraciones políticas, textos inéditos, etc.

Hipótesis

¿Cómo exponer este gigantesco terremoto a nuestro pensamiento y darle sentido hoy? Voy a formular una hipótesis y a ponerla a prueba en varias dimensiones, tanto fácticas como textuales, de la secuencia de la que estoy hablando (es decir, China entre noviembre de 1965 y julio de 1968).

La hipótesis es la siguiente. Nos encontramos en las condiciones de una división esencial del partido-Estado (el Partido Comunista Chino, en el poder desde 1949). Una división esencial, en la medida en que concierne a cuestiones cruciales sobre el futuro del país: la economía y la relación entre las ciudades y el campo; la posible transformación del ejército; el desenlace de la guerra de Corea; los intelectuales, las universidades, el arte y la literatura; y, por último, el valor del modelo soviético o estalinista. Pero era esencial también, y sobre todo, porque la corriente minoritaria entre los cuadros del partido estaba al mismo tiempo dirigida, o representada, por la persona con mayor legitimidad histórica y popular, es decir, Mao Zedong. Hay aquí un formidable fenómeno de no coincidencia entre la historicidad del partido (el largo periodo de la Guerra Popular, contra los japoneses, luego contra Jiang Jieshi [Chiang Kai-shek]) y el estado actual de su actividad como columna vertebral del poder del Estado. Además, durante la Revolución Cultural, sobre todo en el ejército, se invocó constantemente el periodo de Yenan como modelo de subjetividad política comunista.

Esto tuvo las siguientes consecuencias: la confrontación de posiciones no puede ser normalizada por las reglas del formalismo burocrático. Pero tampoco puede normalizarse con los métodos de purga terrorista utilizados por Stalin en los años treinta. En el espacio del partido-Estado solo existe el formalismo o el terror. Mao y su grupo tuvieron que inventar un tercer recurso, la movilización política de masas, para intentar doblegar a los representantes de la corriente mayoritaria, y en particular a sus dirigentes en las altas esferas del partido y del Estado. Este recurso presupone la aceptación de formas incontroladas de revuelta y de organización. Tras muchas vacilaciones, el grupo de Mao impuso que se permitieran, primero en las universidades, ¡y luego en las fábricas!. Pero también, contradictoriamente, intentaría devolver todas las innovaciones organizativas de la revolución al espacio general del partido-Estado.

Aquí estamos en el corazón de la hipótesis: la Revolución Cultural es el desarrollo histórico de una contradicción. Por un lado, se trataba de reavivar la acción revolucionaria de masas al margen de la dictadura del proletariado o, en la jerga teórica de la época, de reconocer que aunque el Estado era formalmente un Estado «proletario», la lucha de clases continuaba, incluso en las formas de revuelta de masas. Mao y sus seguidores llegaron a decir que, en el socialismo, la burguesía se reconstituía y organizaba en el seno del propio Partido Comunista. Por otra parte, dado que la guerra civil propiamente dicha queda descartada, la forma general de la relación entre el partido y el Estado, en particular en lo que se refiere a las fuerzas represivas, debe permanecer inalterada, al menos en la medida en que no se plantee realmente la destrucción del partido. Mao lo dejó claro cuando dijo que «la inmensa mayoría de los cuadros son buenos».

Esta contradicción llevó a una sucesión de excesos de la autoridad del partido a través de revueltas locales, a la violenta anarquía de estos excesos, a la inevitabilidad de una brutal restauración del orden y, finalmente, a la entrada decisiva en escena del Ejército Popular.

Los sucesivos estallidos fijaron la cronología (las etapas) de la Revolución Cultural. El grupo revolucionario dirigente intentó primero mantener la revuelta en el marco de las unidades educativas. Este intento fracasó en agosto de 1966, cuando los Guardias Rojos se extendieron por la ciudad. Entonces se trataba de mantenerla en el marco de la juventud escolarizada. Pero desde finales de 1966, y sobre todo a partir de enero de 1967, los obreros se convirtieron en la fuerza principal del movimiento. Entonces intentaron mantener a raya al partido y a las administraciones del Estado, pero a partir de 1967 se implicaron a través del movimiento de «toma del poder». Por último, había que mantener a toda costa al ejército como poder de reserva, como último recurso. Incluso esto fue casi imposible, con el estallido de violencia en Wuhan y Guangzhou en agosto de 1967. Fue, además, ante el riesgo real de escisión de las fuerzas armadas, cuando se inició el lento movimiento de reversión represiva en septiembre de 1967.

Digámoslo así: las invenciones políticas que dieron a la secuencia su innegable atractivo revolucionario solo podían desplegarse como excesos en relación con el objetivo que les asignaban aquellos a quienes los propios actores de la revolución (la juventud y sus innumerables grupos, los rebeldes obreros, etc.) consideraban sus líderes naturales: Mao y su grupo minoritario. En consecuencia, estas invenciones fueron siempre localizadas y singulares, y nunca pudieron convertirse realmente en proposiciones estratégicas y reproducibles. En última instancia, la importancia estratégica (o el alcance universal) de estos inventos fue negativa. Porque lo que encarnaban, y lo que pusieron de relieve en la conciencia militante de todo el mundo, no era otra cosa que el fin del partido-Estado como producción central de la actividad política revolucionaria. En términos más generales, la Revolución Cultural demostró que ya no era posible equiparar ni la acción revolucionaria de masas ni los fenómenos organizativos con la estricta lógica de la representación de clase. Por eso sigue siendo un episodio político de la mayor importancia.

Campos experimentales

Me gustaría poner a prueba la hipótesis anterior con siete referencias seleccionadas, tomadas por orden cronológico.

1. La circular de 16 puntos de agosto de 1966, quizá escrita en su mayor parte por Mao, y que es en todo caso el documento central más innovador, el que rompe con el formalismo burocrático de los partidos-Estado.

2. Los Guardias Rojos y la sociedad china (el periodo comprendido entre agosto de 1966 y al menos agosto de 1967). Sin duda una exploración de los límites de la capacidad política de los estudiantes de secundaria y de universidad, más o menos abandonados a su suerte, sean cuales fueran las circunstancias.

3. Los «rebeldes revolucionarios obreros» y la Comuna de Shanghái (enero-febrero de 1967), un episodio crucial e inacabado, porque proponía una forma de poder alternativa al centralismo del partido.

4. Las «tomas del poder»: «gran alianza», «triple unión» y «comités revolucionarios», de enero de 1967 a la primavera de 1968. La cuestión aquí es saber si el movimiento creó realmente nuevas organizaciones, o si simplemente pretendía regenerar el partido.

5. El incidente de Wuhan (julio de 1967). Era el momento álgido del movimiento, el ejército corría el riesgo de dividirse, la extrema izquierda empujaba su ventaja, pero iba a sucumbir.

6. La entrada de los obreros en las universidades (finales de julio de 1968), que fue de hecho el episodio final de la existencia de organizaciones estudiantiles independientes.

7. El culto a la personalidad de Mao. Esta característica ha sido tantas veces objeto del sarcasmo occidental que al final nos hemos olvidado de preguntarnos cuál podría ser su significado, y en particular su significado en la Revolución Cultural, donde dicho «culto» sirvió de bandera, no a los conservadores del partido, sino a los rebeldes estudiantiles y obreros.

La decisión de 16 puntos

Este texto fue adoptado por una sesión del Comité Central el 8 de agosto de 1966. En este se escenifica, con una especie de genialidad, la contradicción fundamental de la empresa conocida como «Revolución Cultural». Uno de los signos de esta puesta en escena es que no explica, o apenas lo hace, el nombre («cultural») de la secuencia política en curso. Salvo en la enigmática y metafísica primera frase: «La Revolución Cultural pretende cambiar al hombre en lo más profundo». A este respecto, «cultural» equivale a «ideológico», en un sentido particularmente radical. Por un lado, el texto es un llamamiento puro y simple a la revuelta libre, en la gran tradición de la legitimación revolucionaria. Es probablemente un texto ilegal, porque la composición del Comité Central fue «corregida» por el grupo de Mao con el apoyo del ejército (o de ciertas unidades leales a Lin Biao). Los militantes revolucionarios de las universidades estaban presentes, mientras que a los burócratas conservadores se les impidió acudir. En realidad, y esto es muy importante, esta decisión abrió un largo periodo de inexistencia tanto para el Comité Central como para el Secretariado del Partido. En adelante, los textos centrales importantes serían firmados conjuntamente por cuatro instituciones: el Comité Central, que ciertamente estaba allí, pero que ahora no era más que un fantasma; el «grupo encargado de la

Revolución Cultural», un grupo *ad hoc* muy pequeño[6] pero que disponía de la realidad del poder propiamente político en la medida en que era reconocido por los rebeldes; el Consejo de Asuntos de Estado, presidido por Zhou Enlai; y, por último, el garante de un mínimo de continuidad administrativa, la temida Comisión Militar del Comité Central, remodelada por Lin Biao.

Algunos pasajes de la circular eran particularmente virulentos, tanto en lo que se refiere a la exigencia revolucionaria inmediata como a la necesidad de oponer al partido nuevas formas de organización.

En lo que se refiere a la movilización popular, cabe mencionar en particular los puntos 3 y 4, cuyos títulos son «Dar primacía a la audacia y movilizar a las masas sin reservas», y «Que las masas se eduquen en el movimiento». Por ejemplo:

> Lo que el Comité Central del Partido pide a los Comités del Partido a todos los niveles es que perseveren en la dirección correcta, que den primacía a la audacia, que movilicen a las masas sin reservas, que pongan fin a este estado de debilidad e impotencia, que alienten a los camaradas que han cometido errores pero que quieren corregirlos, a rechazar el peso de sus errores y a unirse a la lucha, a relevar de sus funciones a los que ocupan puestos de dirección y toman el camino capitalista, y a arrebatarles la dirección para devolvérsela a los revolucionarios proletarios.

---

[6] Hasta septiembre de 1967, el grupo dirigente maoísta estaba formado por 12 personas: Mao, Lin Biao, Chen Boda, Jiang Qing, Yao Wenyuan, Zhou Enlai, Kang Sheng, Zhang Chunqiao, Wang Li, Guan Feng, Lin Jie, Qi Benyu. Se dice que ChenYi, un viejo veterano del centro-derecha y valiente humorista, dijo: «¿Es este el gran Partido Comunista Chino? ¿Doce personas?» Cabe señalar, sin embargo, que el grupo dirigente del Comité de Salud Pública entre 1792 y 1794 era aún más reducido. Las revoluciones combinan fenómenos de masas gigantescos con una dirección política que suele ser muy reducida.

O también:

> Debemos tener confianza en las masas, apoyarnos en ellas y respetar su espíritu de iniciativa. Debemos rechazar el miedo y no temer los disturbios. El Presidente Mao siempre nos ha enseñado que una revolución no puede lograrse con tanta elegancia y delicadeza, ni con tanta gentileza, amabilidad, cortesía, moderación y generosidad de espíritu. ¡Que las masas se eduquen a sí mismas en este gran movimiento revolucionario y distingan entre lo que está bien y lo que está mal, entre las formas correctas e incorrectas de actuar!

Y por último:

> Debemos utilizar plenamente el método de los periódicos murales de gran tirada y los grandes debates para permitir amplias y francas declaraciones de opinión, a fin de que las masas puedan expresar sus puntos de vista correctos, criticar los incorrectos y denunciar a todos los genios malvados. De este modo, las amplias masas podrán, en la lucha, elevar su conciencia política, aumentar su capacidad y sus talentos, distinguir lo que está bien de lo que está mal y distinguir a los enemigos que les acechan.

Un detalle del punto 7 es particularmente importante y tendrá inmensas consecuencias prácticas. Es el siguiente: «No se tomará ninguna medida contra los estudiantes y alumnos de universidades, institutos, escuelas secundarias y primarias en relación con los problemas que surjan entre ellos en el curso del movimiento».

Todo el mundo en China comprende que, al menos durante el próximo periodo, la juventud revolucionaria de las ciudades tiene asegurada alguna forma de impunidad. Esto es, evidentemente, lo que les permitirá extenderse por todo el país y llevar consigo el espíritu de la revolución, al menos hasta septiembre de 1967.

En cuanto a las formas de organización, el punto 9, titulado «Sobre los grupos, comités y congresos de la Revolución Cultural», avala la invención, en y por el movimiento, de múltiples agrupaciones políticas al margen del partido: «Muchas cosas nuevas han comenzado a aparecer en el movimiento de la Gran Revolución Cultural Proletaria. Los grupos y comités de la Revolución Cultural, así como otras formas de organización, creadas por las masas en muchas escuelas y organismos, son algo nuevo y de gran importancia histórica».

Estas nuevas organizaciones no se consideran temporales, lo que demuestra que el grupo maoísta, en agosto de 1966, planea destruir el monopolio político del partido: «Los grupos, comités y congresos de la Revolución Cultural no deben ser organizaciones temporales, sino organizaciones de masas permanentes destinadas a funcionar durante mucho tiempo».

Por último, se trata claramente de organizaciones sometidas a la democracia de masas, y no a la autoridad del partido, como lo demuestra la referencia a la Comuna de París, por tanto a una situación proletaria anterior a la teoría leninista del partido:

> Es necesario aplicar un sistema de elecciones generales similar al de la Comuna de París, para elegir a los miembros de los grupos y comités de la Revolución Cultural y a los representantes en los congresos de la Revolución Cultural. Las listas de candidatos deben ser propuestas por las masas revolucionarias tras una amplia consulta, y las elecciones solo tendrán lugar después de que las masas hayan debatido repetidamente estas listas.
>
> Los miembros [de los comités] y los representantes [en los congresos] podrán ser sustituidos mediante

elecciones o destituidos por las masas tras su discusión si demuestran ser incompetentes.

Sin embargo, si leemos atentamente el texto, y sabien-
do lo que significa «leer un texto» cuando procede del
órgano dirigente de un partido comunista, nos damos
cuenta de que, a través de las restricciones cruciales im-
puestas a la libertad de crítica, se produce una especie
de bloqueo del impulso revolucionario al que se apela
constantemente.

En primer lugar, se mantiene axiomáticamente que,
en esencia, el partido es bueno. El punto 8 («Sobre los
cuadros») distingue, sobre la prueba de la Revolución
Cultural, cuatro tipos de cuadros (recuérdese que en
China, un «cuadro» es cualquier persona con la más
mínima autoridad): buenos, relativamente buenos,
que han cometido graves errores pero que pueden
enmendarse y, por último, «un pequeño número de
derechistas antipartido y antisocialistas». La tesis es
que «las dos primeras categorías (los buenos o relativamente buenos) constituyen la gran mayoría». En otras
palabras, el aparato del Estado y su dirección interna
(el partido) están esencialmente en buenas manos, lo
que hace paradójico recurrir a métodos revolucionarios a tan gran escala.

En segundo lugar, aunque se dice que las masas deben tener la iniciativa, la crítica nominal a los
funcionarios del Estado o del partido está de hecho
estrictamente controlada «desde arriba». En este punto, la estructura jerárquica del partido hace un brusco
retorno (punto 11: «Sobre la crítica nominal en la prensa»): «Toda crítica nominal en la prensa debe someterse
a la discusión del comité del partido del mismo nivel y,
en ciertos casos, a la aprobación del comité del partido
del nivel superior».

El resultado de esta directiva fue que numerosos cuadros del partido, empezando por el Presidente de la República, Liu Shaoqi, fueron violentamente criticados por las organizaciones revolucionarias de masas en «pequeños periódicos», caricaturas y carteles murales, meses o incluso años antes de que sus nombres aparecieran en la prensa central. Pero al mismo tiempo, estas críticas seguirán siendo locales, o rescindibles. Dejarán en suspenso las decisiones correspondientes.

Por último, el punto 15 —«Las Fuerzas Armadas»— es extremadamente sucinto y sugiere una pregunta decisiva: ¿quién tiene autoridad sobre el aparato represivo? Clásicamente, el marxismo indica que una revolución debe aplastar el aparato represivo del Estado que pretende transformar de arriba abajo. Esto no es ciertamente lo que se quiere decir aquí: «En las fuerzas armadas, la Revolución Cultural y el Movimiento de Educación Socialista deben llevarse a cabo de acuerdo con las instrucciones de la Comisión Militar del Comité Central del Partido y del Departamento Político General del Ejército Popular de Liberación». También en este caso volvía la autoridad centralizada del Partido. Al final, la circular de 16 puntos combinaba orientaciones que seguían siendo dispares y preparaba el camino, incluso a través de su tono belicoso, para los sucesivos callejones sin salida del movimiento en su relación con el partido-Estado. Es cierto que se habló constantemente de definir, a partir del movimiento de masas, una vía política diferente de la impuesta en los últimos años por la corriente principal en la cúpula del partido. Pero dos cuestiones esenciales siguen sin respuesta: ¿quién designa a los enemigos, quién fija los objetivos de la crítica revolucionaria? Y ¿cuál es el papel, en este grave asunto, del considerable aparato represivo: seguridad pública, milicias, ejército?

Los Guardias Rojos y la sociedad china

A raíz de la circular de agosto, el fenómeno de los «Guardias Rojos», organizaciones de jóvenes escolares, adquirió una dimensión extraordinaria. Todos conocemos los gigantescos mítines de la plaza de Tiananmen a finales de 1966, donde Mao, enmudecido, se mostraba ante cientos de miles de jóvenes. Pero lo más importante fue que las organizaciones revolucionarias se volcaron en las ciudades, utilizando camiones prestados por el ejército, y luego por todo el país, beneficiándose del transporte gratuito en trenes como parte del «intercambio de experiencias».

No cabe duda de que esta es la fuerza de choque que está detrás de la extensión del movimiento a toda China. Hay un grado asombroso de libertad en este movimiento, con tendencias que chocan al aire libre, periódicos, panfletos, pancartas e interminables murales llenos de revelaciones de todo tipo, así como declaraciones políticas. Las caricaturas feroces no perdonaron a muchos (en agosto de 1967, el cuestionamiento de Zhou Enlai, en grandes pancartas murales instaladas por la noche, fue una de las causas de la caída de la tendencia llamada «ultraizquierdista»). Las procesiones con gongs, tambores y encendidas proclamas circulaban hasta altas horas de la noche.

Por otra parte, la tendencia a la militarización, la acción incontrolada de grupos de choque, apareció muy pronto. La consigna general era la lucha revolucionaria contra las viejas ideas y costumbres (esto es lo que da contenido al adjetivo «cultural», que en chino significa «perteneciente a la civilización», y en la vieja jerga marxista «perteneciente a la superestructura»). Muchos grupos interpretan este eslogan en términos destructivos, violentos e incluso persecutorios. La caza de las mujeres que llevaban trenzas, de los intelectuales cultos, de los profesores vacilantes, de todos los «cuadros» que no utilizaban la misma fraseología que tal o cual grupo, el saqueo de bibliotecas y museos, la insoportable arrogancia de los pequeños dirigentes revolucionarios frente a la masa de indecisos, todo ello provocaría pronto una verdadera repulsa entre la gente corriente contra el ala extremista de los Guardias Rojos.

En el fondo, el problema ya se había planteado en la circular del 16 de mayo de 1966, primer acto público de rebelión de Mao contra la mayoría del Comité Central. Esta circular afirmaba claramente que «sin destrucción, no puede haber construcción». Estigmatizaba a los conservadores, que preconizaban un espíritu «constructivo» para oponerse a cualquier destrucción de los cimientos de su poder. Pero es difícil encontrar un equilibrio entre la obviedad de la destrucción y la naturaleza lenta y tortuosa de la construcción.

La verdad es que, armados con la única consigna de «la lucha de lo nuevo contra lo viejo», muchos de los Guardias Rojos estaban cediendo a una conocida tendencia (negativa) de las revoluciones: la iconoclastia, la persecución de la gente por razones fútiles, una especie de barbarie aceptada. También es una tendencia de los jóvenes abandonados a su suerte. La conclusión a la que se llega es que toda organización política debe ser transgeneracional, y que organizar la separación política de los jóvenes es algo malo.

Por supuesto, los Guardias Rojos no inventaron en absoluto el radicalismo antiintelectual del espíritu revolucionario. Cuando el químico Lavoisier fue condenado a muerte durante la Revolución francesa, el fiscal Fouquier-Tinville hizo este notable comentario: «La República no necesita científicos». Una verdadera revolución cree crear todo lo que necesita, y debemos respetar este absolutismo creador. En este sentido, la

Revolución Cultural fue una verdadera revolución. En materia de ciencia y tecnología, la consigna fundamental era que lo que cuenta es ser «rojo», no ser «experto». O, en la versión «moderada», la que se hizo oficial: hay que ser «rojo y experto», pero primero rojo.

Sin embargo, lo que agravó considerablemente la barbarie de ciertos grupos de choque revolucionarios fue que no existía un espacio político global para la afirmación política, para la creación positiva de lo nuevo, a la escala de la acción juvenil. Las tareas de crítica y de destrucción eran evidentes, pero las tareas de invención no lo eran tanto mientras dependieran de las luchas implacables que se desarrollaban en la cúspide del Estado.

La Comuna de Shanghái

El final de 1966 y el principio de 1967 representaron un punto culminante de la Revolución Cultural: la entrada masiva y decisiva en escena de los obreros de las fábricas. Shanghái desempeñó un papel destacado en este punto álgido.

Hay que ver claramente la paradoja de la entrada en escena de lo que oficialmente es la «clase dominante» del Estado chino. Llegó, si se me permite decirlo, por la derecha. En diciembre de 1966, fueron los burócratas locales, la dirección conservadora del partido y del municipio, quienes utilizaron a una clientela obrera —en particular a los sindicalistas— contra el movimiento maoísta de los Guardias Rojos. Al igual que en Mayo del 68 y en los años siguientes en Francia, el PCF intentó utilizar a la vieja guardia de la CGT contra los estudiantes revolucionarios vinculados a los jóvenes trabajadores. Aprovechando la situación cambiante, los bonzos del Partido y de la municipalidad

de Shanghái lanzaron a los trabajadores a todo tipo de
reivindicaciones sectoriales de carácter puramente económico, y de paso los pusieron en contra de cualquier
intervención de los jóvenes revolucionarios en las fábricas y las administraciones (igual que en mayo del
68 el PCF atrincheró las fábricas con piquetes a suel-
do y persiguió a los «izquierdistas» por todas partes).
Estos movimientos sindicales, conducidos con rudeza,
se produjeron a gran escala, en particular las huelgas
del transporte y de las energéticas, cuyo objetivo era
extender una atmósfera de caos, para que los bonzos
del Partido pudieran presentarse como los salvadores
del orden. Por todo ello, la minoría revolucionaria se
vio obligada a intervenir contra las huelgas burocratizadas, y a oponer al «economicismo» y a la exigencia
de «incentivos materiales» una austera campaña por
el trabajo comunista y, sobre todo, por la primacía de
la conciencia política global sobre las reivindicaciones
particulares. Esta debía ser la base de la gran consigna apoyada en particular por Lin Biao: «Luchar contra
el egoísmo y criticar el revisionismo» (sabemos que,
para los maoístas, «revisionista» significaba la línea
de abandono de toda dinámica revolucionaria seguida
por la URSS, los partidos comunistas dependientes de
ella y un gran número de cuadros del partido chino).

Inicialmente, el grupo de trabajadores maoístas era
bastante pequeño. Se hablaba de 4.000 obreros hacia
finales de 1966. Es cierto que iba a establecer vínculos
con los Guardias Rojos y a convertirse en una minoría activista. Sin embargo, su campo de acción en las
propias fábricas no era muy amplio, salvo en algunas
empresas que se harían famosas, como la fábrica de
máquinas-herramienta, propuesto durante años como
ejemplo por los revolucionarios. En mi opinión, fue
precisamente porque la acción directa de los obreros en
las fábricas encontró una fuerte resistencia (la burocracia estaba profundamente atrincherada allí) por lo que

los activistas maoístas iban a desplegarse a escala del poder urbano. Con la ayuda de algunos cuadros, que desde hacía tiempo se habían unido a Mao, y de una parte del ejército, iban a destituir al ayuntamiento y al comité local del partido. Esto condujo a lo que se conoció como la «toma del poder», que, bajo el nombre de «Comuna de Shanghái», marcó un punto de inflexión en la Revolución Cultural.

Esta «toma del poder» resultó inmediatamente paradójica. Por una parte, al igual que la circular de 16 puntos, se inspiraba en un contramodelo absoluto del partido-Estado: la coalición de organizaciones dispares que constituyó la Comuna de París, cuya anarquía ineficaz ya había criticado Marx. Por otra parte, este contramodelo no tiene desarrollo nacional posible, en la medida en que, a escala nacional, la figura del partido sigue siendo la única aceptada, aunque muchos de sus órganos tradicionales estén en crisis. A lo largo de los tumultuosos episodios de la revolución, Zhou Enlai siguió siendo el garante de la unidad del Estado y del funcionamiento mínimo de las administraciones. Por lo que sabemos, nunca fue desautorizado por Mao en esta tarea, lo que le obligó a navegar lo más cerca posible, al lado incluso, de los derechistas (fue él quien volvió a poner en la poltrona a Deng Xiaoping, «el segundo más alto funcionario que, aunque del partido, está comprometido con la vía capitalista», según la fraseología de la revolución, ya a mediados de los años setenta). Ahora bien, Zhou Enlai había dejado claro a los Guardias Rojos que eran permisibles los «intercambios de experiencias» en todo el país, pero que no podía haber una organización revolucionaria a escala nacional.

Finalmente, la Comuna de Shanghái, formada tras interminables discusiones a partir de organizaciones estudiantiles y obreras de base local, solo pudo alcanzar una frágil unidad. También en este caso, aunque el

gesto (la «toma del poder» por los revolucionarios) era
fundamental, su espacio político era demasiado estre-
cho. Como resultado, la entrada de los trabajadores en
escena supuso una ampliación espectacular de la base
revolucionaria de masas, una prueba importante y a
veces violenta de las formas burocratizadas de poder,
y el esbozo efímero de un nuevo vínculo entre la iniciativa política popular y el poder estatal.

La toma del poder

Durante los primeros meses de 1967, a raíz de los acontecimientos de Shanghái, donde los revolucionarios
derrocaron al ayuntamiento antimaoísta, se multi-
plicaron las «tomas del poder» en todo el país. Este
movimiento tenía un aspecto material sorprendente:
los revolucionarios, organizados en pequeños grupos
y escuadrones de choque, principalmente estudiantes y obreros, invadieron edificios administrativos de
todo tipo, incluidos los de los municipios y el partido,
e instalaron allí un nuevo «poder», generalmente en
una confusión dionisíaca, no sin violencia y destrucción. Los antiguos detentadores de este poder eran a
menudo «mostrados a las masas», lo que no resultaba
nada fácil. El burócrata, o presunto burócrata, llevaba
una gorra de burro y una pancarta en la que se descri-
bían sus crímenes. Tenía que agachar la cabeza y recibir
unas cuantas patadas o algo peor. Estos exorcismos son
prácticas revolucionarias bien conocidas. Se trataba de
hacer saber a los ciudadanos de a pie reunidos que los
antiguos intocables, aquellos cuyo desprecio tuvieron
que soportar en silencio, eran ahora entregados a su
vez a la humillación pública. Tras su victoria en 1949,
los comunistas chinos organizaron ceremonias de este
tipo por todo el campo, para deponer moralmente a los
antiguos terratenientes, a los «déspotas locales y malos

propietarios», haciendo así saber al más pequeño campesino chino, tenido por nada durante miles de años, que el mundo había «cambiado de base», y que ahora se le consideraba el verdadero amo del país.

Sin embargo, hay que señalar que, a partir de febrero, la palabra «comuna» —utilizada para designar a las nuevas autoridades locales— desapareció, sustituida por la expresión «comité revolucionario». Este cambio no era desde luego insignificante, ya que «comité» había sido siempre el nombre de los órganos provinciales o municipales del partido. Se iba a producir un vasto movimiento para crear nuevos «comités revolucionarios» en todas las provincias, aunque no se aclaraba si sustituirían a los antiguos y temidos «comités del partido» o simplemente los reemplazarían.

De hecho, la ambigüedad de la denominación convierte al comité en el producto impuro de un conflicto político. Para los revolucionarios locales, se trataba de sustituir al partido por otro poder político, tras la eliminación casi completa de los antiguos cuadros dirigentes. Para los conservadores, que se defendían con uñas y dientes, se trataba de volver a poner en la silla a los cuadros locales tras una ficción de crítica. Para ello se vieron alentados por las repetidas declaraciones centrales de que la gran mayoría de los cuadros del partido eran buenos. Para la dirección nacional maoísta, concentrada en el estrechísimo «grupo del comité central para la revolución cultural», formado por una decena de personas, se trataba de fijar un objetivo para las organizaciones revolucionarias (las «tomas del poder») e inspirar un miedo duradero a los adversarios, preservando al mismo tiempo el marco general del ejercicio del poder, que a sus ojos seguía siendo el partido único.

Las fórmulas que se fueron proponiendo hacían hincapié en la unidad. Se hablaba de una «triple unión», lo

que significaba unir en los comités a un tercio de nuevos revolucionarios, a un tercio de antiguos cuadros
que hubieran podido hacer autocrítica y a un tercio de
soldados. También se hablaba de una «gran alianza»,
lo que significaba que se pedía a las organizaciones
revolucionarias locales que se unieran y pusieran fin
a sus enfrentamientos (a veces armados). Esta unidad
implica de hecho una coerción cada vez mayor, incluso
sobre el contenido de los debates, y restricciones cada
vez más severas del derecho a organizarse libremente
en torno a una iniciativa o convicción particular. Pero,
¿cómo hacer lo contrario, sin dejar que las cosas de-
rivaran hacia la guerra civil, y confiar entonces en lo
que ocurra dentro del aparato represivo? El debate iba
a ocupar la mayor parte de 1967, un año decisivo en
todos los aspectos.

El incidente de Wuhan

Este episodio del verano de 1967 es particularmente interesante, porque presenta todas las contradicciones de
una situación revolucionaria en el momento de su apogeo, que es por supuesto el momento en que se anuncia
su involución.

En julio de 1967, con el apoyo de los militares conservadores, la contrarrevolución de los burócratas
dominaba en la enorme ciudad industrial de Wuhan,
que contaba con no menos de 500.000 obreros. El poder efectivo lo ostentaba un oficial, Chen Zaidao. Por
supuesto, dos organizaciones obreras seguían enfren-
tadas y, en mayo y junio, decenas de personas murieron
en estos enfrentamientos. La primera, apoyada *de facto*
por el ejército y vinculada a cuadros locales y antiguos
sindicalistas, se llamaba el «Millón de Valientes». La

segunda, muy minoritaria, llamada «Acero», encarnaba la línea maoísta.

La dirección central, preocupada por el dominio reaccionario de la ciudad, envió a la ciudad a Wang Li, ministro de Seguridad Pública, conocido miembro del «Grupo del Comité Central para la Revolución Cultural». Era muy popular entre los Guardias Rojos, ya que era conocido por sus tendencias declamatorias «izquierdistas». Wang Li había defendido la necesidad de depurar el ejército. Los enviados llevaban una orden de Zhou Enlai de apoyar al grupo rebelde «Acero», de acuerdo con la directiva dirigida a los cuadros en general y a los militares en particular: «Sobresalir en el discernimiento y apoyo a la izquierda proletaria en el movimiento». Digamos de paso que Zhou Enlai asumió la abrumadora tarea de mediar entre facciones, entre organizaciones revolucionarias rivales, y que para ello recibía día y noche a delegados de las provincias. Era, pues, en gran parte responsable del progreso de la «gran alianza», de la unificación de los «comités revolucionarios», y también de discernir quién era «la izquierda proletaria» en situaciones concretas, cada vez más confusas y violentas.

El día de su llegada, los delegados del gobierno central, junto con las organizaciones rebeldes, celebraron una gran reunión en un estadio de la ciudad. La exaltación revolucionaria estaba en su apogeo.

Podemos ver a todos los actores de la fase activa de la Revolución bien situados: los cuadros conservadores, con su considerable capacidad de movilización, primero en el campo (las milicias de los suburbios rurales participarían en la represión de los Guardias Rojos y los rebeldes tras el punto de inflexión de 1968), pero también entre los trabajadores y, por supuesto, en la administración; las organizaciones rebeldes, los estudiantes y los trabajadores, que para ganar contaban con su activismo, su valentía y el apoyo del grupo maoísta central, aunque a menudo estuvieran en minoría; el ejército, que tenía que elegir a quién apoyaba; el gobierno central, que intentaba ajustar su política a la situación.

En algunas ciudades, la situación entre todos estos actores resulta muy violenta. En Cantón, en particular, los enfrentamientos armados entre organizaciones rivales son cotidianos. El ejército local ha decidido lavarse las manos. Utilizando como pretexto el hecho de que la circular de 16 puntos establece que no debe intervenir en los problemas que surjan durante el movimiento, el jefe militar local se limitó a pedir que, antes de una reyerta callejera, se firmara ante él un «informe de reyerta revolucionaria». Solo se prohibió la llegada de refuerzos. El resultado fue que, también en Cantón, decenas de personas murieron cada día durante ese verano.

En este contexto, las cosas se torcieron en Wuhan. En la mañana del 20 de julio, los grupos de choque del «Millón de Valientes», apoyados por unidades del ejército, ocuparon puntos estratégicos y lanzaron una cacería de rebeldes por toda la ciudad. Atacaron el hotel donde se alojaban los enviados del gobierno central. Un grupo de soldados apresó a Wang Li y a algunos Guardias Rojos y los golpeó hasta dejarlos sin sentido. El «izquierdista» fue a su vez «mostrado a las masas», con una pancarta al cuello que lo estigmatizaba —¡qué ironía!— como «revisionista», cuando él veía revisionistas por todas partes. El ministro de Seguridad fue secuestrado en su habitación. La universidad y la siderurgia, epicentros de la tendencia rebelde, fueron asaltadas por grupos armados apoyados por tanques. Sin embargo, cuando la noticia empezó a circular, otras unidades del ejército tomaron partido contra los conservadores y su líder Chen Zaidao. La organización «Acero» montó una contraofensiva. El Comité Revolucionario fue detenido. Unos pocos soldados consiguieron liberar a Wang Li, que huyó de la ciudad a través de terrenos baldíos y de monte bajo.

La situación estaba claramente al borde de la guerra civil. Haría falta la sangre fría del gobierno central y las firmes declaraciones de muchas unidades del ejército en todas las provincias para cambiar el curso de los acontecimientos.

¿Qué lecciones podemos extraer para el futuro de este tipo de episodios? Al principio, Wang Li, con la cara hinchada, fue recibido como un héroe en Pekín. Jiang Qing, esposa de Mao y líder rebelde, le abrazó calurosamente. El 25 de julio, un millón de personas le aclamaron, en presencia de Lin Biao. La corriente ultraizquierdista, que creía tener el viento a favor, pidió una purga radical del ejército. Fue también en esa época, en agosto, cuando unos carteles denunciaron a Zhou Enlai como derechista.

Pero todo esto fue solo la apariencia de un momento. En Wuhan se impuso el apoyo a los grupos rebeldes y Chen Zaidao fue sustituido. Sin embargo, dos meses después, Wang Li fue brutalmente eliminado del grupo dirigente, no se produjo ninguna purga significativa en el ejército, la centralidad de Zhou Enlai no hizo más que aumentar y el gobierno empezó a poner orden en su casa contra los Guardias Rojos y ciertas organizaciones obreras rebeldes.

Lo que se puso de relieve esta vez fue el papel crucial del Ejército Popular como pilar del partido-Estado chino. A este se le asignó un papel estabilizador en la revolución y se le pidió que apoyara a la izquierda rebelde, pero no se esperaba ni se toleraría que se dividiera y abriera así la perspectiva de una guerra civil a gran escala. Los que deseaban llegar tan lejos serían eliminados poco a poco. Y el hecho de que la propia Jiang Qing hubiera pactado con ellos provocaría una tenaz sospecha sobre sí misma, incluso, al parecer, por parte de Mao.

En esta etapa de la Revolución Cultural, Mao quería que prevaleciera la unidad en las filas de los rebeldes, en particular de los obreros, y empezaba a temer los estragos del faccionalismo y la arrogancia de la Guardia Roja. En septiembre de 1967, tras una gira por las provincias, emitió la directiva «Nada esencial divide a la clase obrera», que, para cualquiera que supiera leerla, significaba, en primer lugar, que había disturbios violentos entre las organizaciones rebeldes y conservadoras, y, en segundo lugar, que era imperativo que cesaran esos disturbios, que las organizaciones fueran desarmadas y que el aparato represivo recuperara su monopolio legal de la violencia, así como su estabilidad política. A partir de julio, haciendo gala de su habitual espíritu de lucha y rebeldía (en este punto todavía decía, con visible regocijo, que «todo el país está en la lucha» y que «la lucha, incluso violenta, es buena. Una vez que las contradicciones salen a la luz, es más fácil resolverlas»), Mao estaba preocupado por la guerra de facciones, declaraba que «cuando se crean comités revolucionarios, los revolucionarios pequeño burgueses deben estar bien dirigidos», estigmatizaba el izquierdismo, que «en realidad es derechismo», y sobre todo, estaba impaciente por el hecho de que, desde enero y la toma del poder en Shanghái, «la ideología burguesa y pequeño burguesa que se había ido desarrollando entre los intelectuales y los jóvenes estudiantes había arruinado la situación».

La entrada de los obreros en las universidades

A partir de febrero de 1968, los conservadores pensaron que había llegado el momento de la revancha, tras la involución del movimiento a finales del verano de 1967. Pero Mao y su grupo estaban siempre alerta. Lanzaron una campaña de estigmatización de la «contracorriente de febrero» y renovaron su apoyo a los grupos revolucionarios y a la construcción de nuevos órganos de poder.

Sin embargo, mantener las universidades bajo el yugo de grupos rivales ya no era defendible, dada la tendencia general al retorno al orden y la perspectiva de un congreso del partido para hacer balance de la revolución (de hecho, este congreso se celebró a principios de 1969, confirmando el poder de Lin Biao y los militares). Había que dar ejemplo, evitando al mismo tiempo el aplastamiento total de los últimos Guardias Rojos, concentrados en los edificios de la Universidad de Pekín. La solución adoptada fue bastante extraordinaria: se llamó a miles de trabajadores organizados para que, desarmados, tomaran la universidad, desarmaran a las facciones e impusieran directamente su autoridad. Como diría más tarde el grupo dirigente, «la clase obrera debe dirigirlo todo», y «los obreros permanecerán en las universidades durante mucho tiempo, incluso para siempre». Este episodio fue uno de los más sorprendentes de todo el periodo, porque hizo visible la necesidad de que la fuerza anárquica y violenta de la juventud reconociera una autoridad «de masas» por encima de ella, y no solo, o incluso principalmente, la autoridad institucional de los líderes reconocidos. El momento fue tanto más asombroso y dramático cuanto que algunos estudiantes dispararon contra obreros, se produjeron muertes y, a raíz de ello, Mao y todos los dirigentes del grupo maoísta convocaron a los dirigentes estudiantiles más conocidos, en particular a un tal Kuai Dafu, venerado dirigente de los Guardias Rojos de la Universidad de Pekín y de renombre nacional. Existe una transcripción de este cara a cara entre los obstinados jóvenes revolucionarios y la vieja guardia.[7]

---

[7] El relato fue traducido y comentado extensamente (en italiano) por Sandro Russo, sin duda el analista más competente y leal

En ella se ve a Mao expresando la grave decepción que
le producía el espíritu faccioso de los jóvenes, al tiempo que manifestaba un resto de amistad política hacia
ellos y el deseo de encontrar una salida. Está claro que
al incorporar a los trabajadores, Mao quería evitar que
toda la situación se volviera bajo «control militar».
Quería proteger a aquellos que habían sido sus aliados
iniciales, que habían sido los portadores del entusiasmo y la innovación política. Pero Mao era también un
hombre del partido-Estado. Quería su renovación, aunque fuera violenta, no su destrucción. En el fondo, era
muy consciente de que, sometiendo a la última plaza
de jóvenes rebeldes «izquierdistas», liquidaba el último margen que quedaba para lo que no coincidía con
la línea (en 1968) de los líderes reconocidos de la Revolución Cultural: una línea de reconstrucción del partido.
Él lo sabía, pero se resignó a ello. Porque él —y nadie
más— no tenía ninguna hipótesis alternativa en cuanto
a la existencia del Estado, y porque la inmensa mayoría
del pueblo, después de dos años estimulantes pero muy
duros, quería que el Estado existiera y que se diera a conocer su existencia, si era necesario con dureza.

El culto a la personalidad

Sabemos que el culto a Mao adoptó formas realmente extraordinarias durante la Revolución Cultural. No
solo estaban las estatuas gigantes, el *Pequeño libro rojo*,
la invocación constante del Presidente en toda circunstancia, los himnos al «Gran Timonel», sino que, sobre
todo, se produjo una extensión sin precedentes de la
unicidad de la referencia, como si los escritos y las

hoy en día de todo lo relacionado con la Revolución Cultural.
Véase, por ejemplo, «The Conclusion Scene. Mao and the Red
Guards in July 1968», *Positions*, núm. 13:3, 2005.

palabras de Mao bastaran en toda circunstancia, incluso a la hora de cultivar tomates o de decidir si se tocaba
o no el piano en los conciertos sinfónicos.[8] Resulta
llamativo comprobar que fueron los grupos rebeldes
más violentos, los más enfrentados al orden burocrático, los que también llevaron más lejos este aspecto de
las cosas. Fueron ellos en particular quienes acuñaron
la frase «la autoridad absoluta del Pensamiento Mao
Zedong», y declararon que había que someterse a ese
pensamiento aunque no lo entendieras.

Se trata, hay que reconocerlo, de afirmaciones simplemente oscurantistas. Hay que añadir que, como todas
las facciones y organizaciones implicadas que se reivindican del pensamiento de Mao, la expresión, que puede
designar orientaciones totalmente contradictorias, acaba
por perder todo sentido, aparte del de un sobreabun-
dante uso de citas cuya exégesis varía continuamente.

No obstante, me gustaría hacer algunos comentarios de pasada. Por una parte, este tipo de devoción,
al igual que el conflicto sobre la exégesis, es bastante
común en las religiones establecidas, incluida la nuestra, sin que se considere una patología, al contrario
—los grandes monoteísmos siguen siendo aquí vacas
sagradas—. Sin embargo, Mao ha prestado sin duda
un servicio infinitamente más real a su pueblo, al que
liberó simultáneamente de la invasión japonesa, del co-
lonialismo rampante de las potencias «occidentales»,
del feudalismo en el campo y del saqueo precapitalista,
que cualquiera de las figuras, ficticias o eclesiásticas, de

---

[8] Los ejemplos son reales, y han dado lugar a artículos traducidos al
francés en la revista *Pékin Information*. Aprendemos cómo se puede
utilizar la dialéctica maoísta para hacer crecer los tomates, o cómo
encontrar la línea correcta respecto al uso del piano en la música
sinfónica en China. En cualquier caso, estos textos son bastante in-
teresantes, incluso convincentes, no exactamente en los términos de
lo que está explícitamente en juego, sino en los términos de lo que
implica un intento de crear otra forma de pensar desde cero.

la historia reciente de dichos monoteísmos en nuestros países. Por otra parte, la sacralización, incluida la biográfica, de los grandes artistas es un rasgo recurrente de nuestra práctica «cultural». Concedemos importancia a las notas de lavandería de tal o cual gran poeta. Si la política es, como yo creo, y la poesía puede ser, un procedimiento de verdad, entonces no es ni más ni menos inepto sacralizar a los creadores políticos que sacralizar a los creadores artísticos. Tal vez menos, en última instancia, porque la creación política es probablemente más rara, sin duda más arriesgada, y se dirige más inmediatamente a todos, y en particular a aquellos que en general —como los campesinos y obreros chinos antes de 1949— las autoridades consideran inexistentes.

Todo esto no nos exime de arrojar luz sobre el fenómeno particular del culto político, característica invariable de los Estados y partidos comunistas, y rasgo paroxístico de la Revolución Cultural.

Desde un punto de vista general, el «culto a la personalidad» está ligado a la tesis de que el partido, representante de la clase obrera, es la fuente hegemónica de la política, el poseedor obligado de la línea correcta. Como se decía en los años treinta, «el partido siempre tiene razón». El problema es que nada garantiza esa representación, ni esa hiperbólica certeza de racionalidad. Por eso es importante que, en sustitución de tal garantía, exista una representación de la representación que sea en sí misma una singularidad, legitimada precisamente por su sola singularidad. En definitiva, una persona, un cuerpo singular, actúa como garantía superior, en la forma estéticamente clásica del genio. Es curioso, por otra parte, que, habiendo sido formados en la teoría del genio en el ámbito del arte, nos opongamos tan enérgicamente a ella cuando se plantea en el ámbito de la política. Para los partidos comunistas entre los años veinte y sesenta, el genio personal no era más que la encarnación, el punto fijo, de la dudosa capacidad representativa del partido. Porque es más fácil creer en la rectitud y la fuerza intelectual de un hombre distante y solitario que en la verdad y la pureza de un aparato cuyos dirigentes locales son bien conocidos.

En China, la cuestión es aún más compleja. Durante la Revolución Cultural, Mao fue menos la encarnación de la capacidad representativa del partido que de su capacidad para discernir y combatir la amenaza del «revisionismo» dentro del propio partido. Fue él quien dijo, o dejó que se dijera en su nombre, que la burguesía era políticamente activa en el Partido Comunista. También fue él quien animó a los rebeldes y propagó la consigna «tenemos razón en sublevarnos», alentando los disturbios, en el mismo momento en que era alabado como presidente del partido. En este sentido, para la masa de los revolucionarios, era a veces menos el garante del verdadero partido que la encarnación, por derecho propio, de un partido proletario aún por venir. Es como la venganza de la singularidad sobre la representación.

En definitiva, hay que decir que «Mao» es un nombre intrínsecamente contradictorio en el campo político revolucionario. Por un lado, es el nombre supremo del partido-Estado, su presidente indiscutible, el hombre que, como jefe militar y fundador del régimen, ostenta la legitimidad histórica del Partido Comunista. Por otra parte, «Mao» es el nombre del partido que no puede reducirse a la burocracia estatal. Por supuesto, no es reducible a la burocracia estatal. Pero también lo es desde la legitimidad del propio partido. Fue a menudo a través de decisiones tomadas por una minoría, o incluso por disidentes, cómo Mao aseguró la continuación de la experiencia política única de los comunistas chinos entre 1920 y la victoria de los años cuarenta (desconfianza en los consejeros soviéticos, renuncia al modelo insurreccional, «rodear las ciudades con el campo», prioridad absoluta del enlace de masas, etc.).

En todos los aspectos, «Mao» es el nombre de una paradoja: el rebelde en el poder, el dialéctico puesto a prueba por las necesidades permanentes del «desarrollo», el emblema del partido-Estado que busca superarse a sí mismo, el jefe militar que preconiza la desobediencia a las autoridades...[9] Esto es lo que daba a su «culto» un aspecto frenético, en tanto combinaba, subjetivamente, la aprobación dada a la pompa estatal de estilo estalinista y el entusiasmo de toda la juventud revolucionaria por el viejo rebelde que no podía conformarse con el estado de cosas y que quería marchar a paso ligero hacia el comunismo real. «Mao» llamaba a la «construcción del socialismo», pero también a su destrucción.

En última instancia, la Revolución Cultural, en su mismo impás, atestigua la imposibilidad de liberar verdadera y globalmente la política del marco del partido-Estado, cuando está encerrada en él. Es una experiencia insustituible de saturación, porque en ella una voluntad violenta de buscar una nueva vía política, de relanzar la revolución, de encontrar nuevas formas de lucha obrera en las condiciones formales del socialismo, se estrelló contra el mantenimiento obligatorio, por razones de orden estatal y de rechazo de la guerra civil, del marco general del partido-Estado. Hoy sabemos que toda política de emancipación debe acabar con el modelo de partido, o de partidos, y afirmarse como una política «no partidista», sin caer en la figura anarquista, que nunca ha sido más que una vana crítica, o el doble, o la sombra, de los partidos comunistas, del mismo modo que la bandera negra no es más que el doble o la sombra de la bandera roja. Sin embargo, nuestra deuda con la Revolución Cultural sigue siendo inmensa. Pues, ligado a esta saturación valiente y grandiosa del motivo partido —contemporánea de lo que hoy aparece claramente como la última revolución

---

[9] Sobre Mao como paradoja, léase el excelente libro de Henry Bauchau, *Essai sur la vie de Mao Zedong*, París, Flammarion, 1982.

todavía apegada al motivo clases y lucha de clases—
nuestro maoísmo habrá sido la experiencia y el nombre
de una transición trascendental. Y si nadie fuera fiel a
esta transición, no habría nada.

Una breve cronología de la revolución cultural

1. Prehistoria temprana (de las «cien flores» a la «banda negra»)

a) Campaña «Que florezcan cien flores» (1956). En junio
de 1957, la campaña se convierte en una denuncia muy
violenta y persecutoria de los «intelectuales de derechas», a los que más tarde se suele calificar de «genios
del mal». En mayo de 1958 se lanzó el «Gran Salto Adelante», seguido de las «Comunas Populares» en agosto
de 1958. En agosto de 1959, Peng Dehuai (ministro de
Defensa) fue destituido por criticar el movimiento de
colectivización. Lin Biao le sustituye.

b) A partir de 1961, el voluntarismo económico resulta desastroso. El Comité Central decidió «reajustar»
los objetivos. Liu Shaoqi sustituyó a Mao Zedong en
la presidencia de la República. Entre 1962 y 1966 se
venden en China quince millones de ejemplares de las
obras de Liu, frente a seis millones de las de Mao. Publicación de la obra histórica de Wu Han (vicealcalde
de Pekín) *La deposición de Hai Rui* (crítica indirecta de
la deposición de Peng Dehuai). En septiembre de 1965,
en una conferencia del Buró Político, Mao pide, pero no
obtiene, la condena de Wu Han. Se retiró a Shanghái.

*2. La apertura (del artículo de Yao Wenyuan a la decisión de
16 puntos)*

a) En colaboración con Jiang Qing, esposa de Mao,
Yao Wenyuan publicó en Shanghái un artículo muy

violento contra Wu Han. Apuntaba contra el alcalde de Pekín, Peng Zhen, a quien se consideraba el líder de una «banda negra». En enero-febrero de 1966, se creó el primer «Grupo de la Revolución Cultural del Comité Central» para juzgar el caso, paradójicamente bajo la autoridad de Peng Zhen. Este grupo (conocido como los «Cinco») difundió las «Tesis de febrero», que eran muy inofensivas y tendían a limitar las críticas.

b) Sin embargo, en Shanghái se formó otro grupo, bajo la égida de Lin Biao y Jiang Qing, que celebró un «debate sobre las actividades literarias y artísticas en el ejército». Los textos se enviaron a la Comisión Militar del Comité Central (órgano de la máxima importancia). La división del partido parecía consumada.

c) En mayo de 1966, reunión «ampliada» del Buró Político. Nombramiento de un nuevo «grupo de la Revolución Cultural del Comité Central»; denuncia vehemente del grupo de Peng Zhen en un documento fundamental para todo el periodo siguiente, documento conocido como «Circular del 16 de mayo». El texto afirmaba que era necesario «criticar a los representantes de la burguesía infiltrados en el partido, el gobierno, el ejército y los círculos culturales». El 25 de mayo, siete estudiantes de la Universidad de Pekín atacaron al rector con un cartel de gran tamaño. Este fue el verdadero comienzo de la movilización estudiantil.

d) Mao abandona Pekín. Las autoridades envían «grupos de trabajo» a las universidades para controlar el movimiento. Entre finales de mayo y finales de julio, este periodo es conocido como los «cincuenta días», dominado por el brutal control de estos «grupos de trabajo».

e) El 18 de julio, Mao regresa a Pekín. Abolición de los grupos de trabajo. Del 1 al 12 de agosto se celebra una sesión del Comité Central «ampliado». No fue formal. Lin Biao recurrió al ejército para prohibir la presencia de miembros regulares y permitir la de revolucionarios procedentes del mundo estudiantil. En estas condiciones, la línea maoísta obtuvo una estrecha mayoría. Mao apoyó públicamente el cartel de la Universidad de Beida. Apareció entre la multitud el 9 de agosto. Carta política de la revolución: la «declaración de 16 puntos». En ella se afirma en particular: «En la Gran Revolución Cultural Proletaria, las masas solo pueden liberarse a sí mismas, y nosotros no podemos en modo alguno actuar en su lugar». En otras palabras, las iniciativas de los grupos estudiantiles no serán reprimidas.

3. *El periodo de los «Guardias Rojos»*

a) A partir del 20 de agosto, los grupos activistas de los «Guardias Rojos» se extendieron desde las escuelas y universidades de toda la ciudad, con el objetivo de «destruir de arriba abajo el pensamiento, la cultura, los modales y las costumbres antiguas». En particular, hubo una dura persecución de intelectuales y profesores, que volvieron a ser considerados, incluso por Mao, como «genios del mal». Se suceden las grandes concentraciones de Guardias Rojos en Pekín, sobre todo a raíz del derecho que se les concedió a viajar gratis en los trenes, para realizar «amplios intercambios de experiencias». Críticas a Liu Shaoqi y Deng Xiaoping en carteles, folletos, caricaturas, pequeños periódicos, etc.

b) A partir de noviembre, primeros incidentes políticos relacionados con la intervención de los Guardias Rojos en los centros de producción. Los antimaoístas utilizan a los sindicatos oficiales y a ciertas milicias campesinas contra los revolucionarios, que a su vez comienzan a dividirse en pequeños grupos («faccionalismo»). Violencia aquí y allá.

4. *La llegada de los obreros y la «toma del poder»*

a) Las autoridades de Shanghái provocan disturbios alentando todo tipo de reivindicaciones «económicas» entre los obreros. Un problema especialmente agudo fue el de los salarios de los trabajadores temporales y la cuestión de las primas. Huelga de transportes y caza de grupos de estudiantes En enero de 1967, un grupo de Guardias Rojos y de «rebeldes revolucionarios» obreros, que habían formado «comités de fábrica», apoyados por una parte del ejército, «tomaron el poder» ocupando edificios administrativos, medios de comunicación, etc. Derrocaron al comité del partido, que estaba a cargo del país. Derrocaron al comité del partido y decidieron formar la «Comuna de Shanghái». Negociaciones interminables entre los grupos. Predominaban los grupos obreros y la presencia de antiguos cuadros del partido y del ejército era aún muy limitada.

b) Las «tomas del poder» se extienden por todo el país a partir de febrero de 1967. Gran desorden en el Estado y la economía. Una politización muy desigual hizo que la instauración de nuevas instancias de poder resultara anárquica y precaria. Se tendía a destituir y «juzgar» a todos los antiguos cuadros o, por el contrario, estos manipulaban grupos «revolucionarios» más o menos falsos. Los ajustes de cuentas se mezclaban con el entusiasmo revolucionario.

c) La autoridad central se concentró entonces en el grupo del Comité Central para la Revolución Cultural, por una parte, el Consejo de Asuntos de Estado, dirigido por Zhou Enlai, por otra, y finalmente la Comisión Militar dirigida por Lin Biao. Se decidió una fórmula para los nuevos poderes, conocida como la «triple unión»: un tercio de representantes de las «masas revolucionarias», un tercio de cuadros del partido que hubieran demostrado su valía o se hubieran enmendado, y un tercio de militares. Las organizaciones revolucionarias de «masas»

debían unirse previamente (la «gran alianza»). El nuevo
órgano se denominó «comité revolucionario de triple
unión». El primer comité provincial de este tipo se constituyó el 13 de febrero (provincia de Guizhou).

5. Disturbios, violencia y escisiones de todo tipo

a) Al mismo tiempo que comenzaban las críticas a
Liu Shaoqi en la prensa oficial (sin que se mencionara
aún su nombre), crecía el desorden por todas partes.
Hubo mucha violencia, incluso armada, que enfrentó
a maoístas y conservadores, a las fuerzas de seguridad
y al ejército, y a grupos maoístas entre sí. Las organizaciones de masas se dividieron muy a menudo. La
dirección revolucionaria también está dividida. Hubo
una tendencia a unir todas las organizaciones revolucionarias lo más rápidamente posible y a crear comités
en todas partes, dando a los antiguos cuadros el lugar
que les correspondía. De hecho, esta tendencia quería
reconstruir el partido rápidamente. Zhou Enlai, responsable del mantenimiento de las funciones básicas
del Estado, era el más activo en este sentido. Otra tendencia quería eliminar a un gran número de cuadros y
extender la purga a toda la administración, incluido el
ejército. Sus representantes más conocidos son Wang
Li y Qi Benyu.

b) En julio, el incidente de Wuhan sumió a la región,
y en última instancia al país, en un estado de guerra
civil. En Wuhan, el ejército protegió abiertamente a
los cuadros tradicionales y a las organizaciones obreras vinculadas a ellos. Wang Li, un enviado del centro
que quería apoyar a los «rebeldes», fue secuestrado y
golpeado. Hubo que recurrir a fuerzas militares exteriores. La unidad del ejército se vio así amenazada.

c) Aparecen carteles contra Zhou Enlai. A lo largo de
agosto estalla la violencia anárquica, sobre todo en

Cantón. Los depósitos de armas son saqueados. Decenas de personas mueren cada día. La embajada
británica es incendiada en Pekín.

*6. Los inicios del restablecimiento del orden y el fin de la
revolución propiamente dicha*

a) En septiembre de 1967, Mao, tras una gira por las
provincias, se decide por la línea «reconstructiva». Básicamente, apoyó a Zhou Enlai y otorgó al ejército un
papel ampliado (allí donde las facciones no se pusieran
de acuerdo, se recurriría al «control militar»). El grupo
de extrema izquierda (Wang Li) fue eliminado de los
órganos centrales. Se organizaron «cursos de estudio
del pensamiento Mao Zedong» para todo el mundo, a
menudo bajo la égida de los militares. Las consignas:
«apoyar a la izquierda, no a las facciones», basándose
en una afirmación del informe de Mao, «nada esencial
divide a la clase obrera».

b) En muchos lugares, esta rectificación se practicó
como una represión violenta de los Guardias Rojos, e
incluso de los rebeldes obreros, y como una oportunidad de venganza política (era la «contracorriente de
febrero de 1968»). Por ello, Mao volvió a hacer un llamamiento a la acción a finales de marzo de 1968: hay
que defender los comités revolucionarios y no hay que
temer disturbios ni fraccionalismos.

c) Sin embargo, esta fue la última escaramuza «de
masas». Las autoridades centrales decidieron acabar
con los últimos bastiones de la revuelta estudiantil,
que habían quedado en manos de las guerras, a veces
sangrientas, de pequeños grupos, evitando al mismo
tiempo el control militar inmediato, al menos en Pekín.
Se enviaron destacamentos obreros a las universidades. El grupo central de la Revolución Cultural recibió
a los «izquierdistas» estudiantiles más famosos, que
resistieron físicamente la entrada de estos obreros. Fue

un diálogo de sordos (el «rebelde» estudiantil más notorio, Kuai Dafu, fue detenido).

d) La consigna «la clase obrera debe dirigirlo todo» selló el fin de los Guardias Rojos y los rebeldes revolucionarios, y abrió una fase dedicada a reconstruir el partido bajo el nombre de «lucha, crítica, reforma». Un gran número de jóvenes revolucionarios fueron enviados al campo o a campos de trabajo lejanos.

7. *Acontecimientos posteriores*

a) El IX Congreso del Partido, celebrado en abril de 1969, supuso la vuelta al orden autoritario, estructurado en gran medida por el ejército (45 % de los miembros del Comité Central) bajo la dirección de Lin Bao.

b) Este periodo de militarismo terriblemente opresivo provocó nuevos enfrentamientos violentos en el seno del partido. Lin Biao fue eliminado (probablemente asesinado) en 1971.

c) Hasta la muerte de Mao, un periodo largo y complejo, marcado por un conflicto incesante entre Deng Xiaoping y una serie de antiguos cuadros, que volvieron a la actividad bajo la protección de Zhou Enlai, por un lado, y, por otro, la «banda de los cuatro», que encarnaba la memoria de la Revolución Cultural (Yao Wenyuan, Zhang Chunqiao, Jiang Qing y Wang Hongwen).

d) Justo después de la muerte de Mao, en 1976, los cuatro fueron detenidos. Deng tomó el poder durante un largo periodo, que fue en gran medida un periodo de aplicación de métodos capitalistas (durante la Revolución Cultural se le conocía como «el segundo funcionario que, aunque miembro del partido, está comprometido con la vía capitalista»), al tiempo que mantenía el partido-Estado.

III

La Comuna de París: una declaración política sobre la política

Durante mucho tiempo,[1] los partidos, grupos, sindicatos y facciones que se reivindicaban como partidos obreros y populares fueron formalmente leales a la Comuna de París. Se aferraron a la declaración final de Marx en ese admirable texto *La guerra civil en Francia*: «El París obrero, con su Comuna, será celebrado para siempre como el glorioso pastor de una nueva sociedad».

Íbamos regularmente al Mur des Fédérés, monumento a los veinte mil fusilados de mayo de 1871. De nuevo Marx: «La memoria de los mártires de la Comuna se conserva piadosamente en el gran corazón de la clase obrera».

¿Tiene corazón la clase obrera? Hoy, en todo caso, recordamos poco, recordamos mal. Recientemente, la Comuna de París fue retirada de los programas de historia, donde apenas tenía cabida. Tienen la sartén por el mango los descendientes directos de los *versaillais*, para quienes el comunismo es una utopía criminal; los obreros, un invento marxista caduco; la revolución, una orgía sangrienta, y la idea de una política no parlamentaria, un sacrilegio despótico.

---

[1] Este texto vino suscitado por las Conferencias Robin.

Como siempre, sin embargo, el problema no es de memoria, sino de verdad. ¿Cuál es la verdad política de la Comuna para nosotros hoy? Sin olvidar el soporte fáctico y textual, debemos reconstituir, por medios en gran parte filosóficos, la irreductibilidad de este episodio de nuestra historia.

Se entiende que cuando digo «nuestra» historia, me refiero al «nosotros» de la política emancipadora, el «nosotros» cuya bandera virtual sigue siendo roja, no la tricolor enarbolada por los asesinos de la primavera de 1871.

Primera referencia. Los hechos

Empezaremos con algunas muestras esqueléticas fechadas. Este será solo el primer paso, ya que más adelante reordenaremos la narración utilizando nuevas categorías (situación, aparición, lugar, singularidades, acontecimiento, inexistente, etc.).

A mediados del siglo XIX, Napoleón III llega al poder en Francia. Representa el resultado, a la vez empresarial y autoritario de la revolución republicana de febrero de 1848. Tal desenlace era casi seguro, dado que pocos meses después de la insurrección y de la caída de Luis Felipe, en junio de 1848, la pequeña burguesía republicana había consentido, e incluso apoyado, la masacre de obreros parisinos por las tropas de Cavaignac. Del mismo modo que, en 1919, al organizar la masacre de los espartaquistas dirigidos por Rosa Luxemburg, la pequeña burguesía socialdemócrata alemana preparó el camino para la posibilidad de la hipótesis nazi.

El 19 de julio de 1870, el régimen, demasiado confiado pero también víctima de las tortuosas maniobras de Bismarck, declaró la guerra a Prusia. El 2 de septiembre se produjo el desastre de Sedán y el cautiverio del emperador. El peligro llevó a armar parcialmente a la población parisina, bajo la forma de Guardia Nacional, de la que los obreros eran la columna vertebral. De hecho, fue la situación interna la que resultó decisiva: el 4 de septiembre, el imperio fue derrocado tras manifestaciones a gran escala y la toma del Hôtel de Ville. Pero una vez más, como en 1830 y 1848, el poder fue inmediatamente tomado por un grupo de políticos «republicanos», Jules Favre, Jules Simon, Jules Ferry («La república de Jules», como dijo Henri Guillemin), Émile Picard —Adolphe Thiers entre bastidores—, todos los cuales solo querían una cosa: pactar con Bismarck para contener mejor la revuelta política popular. Pero como tenían que dar la impresión de que hacían algo, anunciaron la república inmediatamente —con el fin de ablandar la resolución de la población en general—, sin precisar su contenido constitucional, y, para burlar el patriotismo, se declararon «gobierno de defensa nacional». En estas condiciones, la multitud dejó que las cosas sucedieran, tendiendo a la resistencia que se exacerbaría con el duro asedio de París por los prusianos.

En octubre, en condiciones vergonzosas, todo tipo de tejemanejes gubernamentales, descritos con minucioso detalle en los magníficos libros de Henri Guillemin sobre la guerra de 1870 y los orígenes de la Comuna, culminaron con la rendición de París y el armisticio del 28 de enero de 1871. La mayoría de los parisinos tenía claro desde hacía tiempo que se trataba de un gobierno de «deserción nacional».

Pero también era el gobierno de la defensa burguesa contra los movimientos populares. Su problema es ahora el de desarmar a los obreros parisinos en la guardia nacional. Los políticos en el poder podían creer que la situación les era favorable al menos por tres razones.

En primer lugar, habían elegido precipitadamente una asamblea dominada por la reacción rural y provincial, de hecho una cámara «inencontrable» de extrema derecha, legitimista y socialmente revanchista. Contra la revolución, no hay nada como unas elecciones: la máxima fue retomada sin cambios por De Gaulle, Pompidou y sus aliados de la izquierda oficial en junio de 1968. En segundo lugar, el principal líder revolucionario reconocido, Blanqui, estaba en la cárcel. Por último, los términos del armisticio dejaban a las tropas prusianas rodeando París por el norte y el este. En la madrugada del 18 de marzo, algunos destacamentos militares intentan apoderarse de los cañones de la guardia nacional. Este intento fue respondido en los barrios populares con una impresionante movilización espontánea del pueblo de París, en particular de las mujeres. Las tropas se retiran y el gobierno huye a Versalles.

El 19 de marzo, el Comité Central de la Guardia Nacional, la dirección obrera elegida previamente por las unidades de esta guardia, emitió una declaración política, un texto fundamental sobre el que volveré en detalle.

El 26 de marzo, las nuevas autoridades parisinas organizaron la elección de una Comuna de noventa miembros.

El 3 de abril, la Comuna intentó una primera salida militar para enfrentarse a las tropas que el gobierno, con la autorización de los prusianos, estaba reorganizando contra París. La incursión fracasa. Los prisioneros tomados por los soldados fueron masacrados, entre ellos dos conocidos miembros de la Comuna, Flourens y Duval. La ferocidad de la represión comienza a hacerse sentir.

El 9 de abril, el mejor jefe militar de la Comuna, un republicano polaco, Dombrowki, consigue algunos éxitos, en particular la reconquista de Asnières.

El 16 de abril se celebran elecciones suplementarias a la Comuna de forma tranquila y ordenada.

Entre el 9 y el 14 de mayo, la situación militar en los suburbios del suroeste se deteriora considerablemente. Caen los fuertes de Issy y Vanves.

Durante todo este tiempo (entre finales de marzo y mediados de mayo), el pueblo de París siguió viviendo su vida de forma ingeniosa y pacífica, debatiendo y decidiendo todo tipo de medidas sociales relativas al trabajo, la educación, la mujer y las artes. Para dar una idea de la jerarquía de las representaciones, mencionemos, por ejemplo, que el 18 de mayo —el ejército gubernamental entraría masivamente en París el 21 de mayo— se votó sobre el número de clases que debían crearse en las escuelas primarias.

De hecho, París fue una ciudad pacífica y extraordinariamente politizada. Los relatos puramente descriptivos son raros: los intelectuales no militantes apoyaban en general a Versalles, y la mayoría de ellos (Flaubert, Goncourt, Dumas hijo, Leconte de Lisle, George Sand, etc.) hacían comentarios infames. Más admirables son Rimbaud y Verlaine, partidarios declarados de la Comuna, y Hugo, que, sin entender nada, se opuso instintiva y noblemente a la represión.

Una crónica resulta bastante notable. Su atribución a Villiers de L'Isle-Adam viene siendo regularmente cuestionada y luego reafirmada. En cualquier caso, proporciona una intensa visión de la combinación de paz y vivacidad política que la Comuna llevó a las calles de París:

> La gente entraba, salía, circulaba y se reunía. Las risas de los niños de París interrumpen las discusiones políticas. Por primera vez se oye a los obreros intercambiar sus opiniones sobre problemas que hasta entonces solo habían discutido los filósofos. No hay

guardias, ni policías que obstruyan la calle o estorben a los transeúntes. La seguridad es perfecta.

Antiguamente, cuando esta misma gente salía borracha, los burgueses se apartaban y decían en voz baja: «Si esta gente fuera libre, ¿qué sería de nosotros? ¿Qué sería de ellos?» Son libres y ya no bailan. Son libres y trabajan. Son libres y luchan.

Cuando un hombre de buena fe pasa hoy junto a ellos, comprende que acaba de amanecer un nuevo siglo, y el más escéptico sigue siendo un soñador.

Entre el 21 y el 28 de mayo, las tropas de Versalles tomaron París, barricada tras barricada, y las últimas batallas tuvieron lugar en los reductos obreros de los distritos del noreste: los distritos XI, XIX y XX... Las masacres continuaron sin interrupción, incluso más allá de la «semana sangrienta». Al menos 20.000 personas fueron fusiladas. Otras 50.000 fueron detenidas.

Así comenzó la Tercera República, considerada todavía por algunos como la edad de oro de la «ciudadanía».

Segunda referencia. La interpretación clásica

En su momento, Marx propuso una valoración de la Comuna totalmente centrada en la cuestión del Estado. Para él, era la primera vez en la historia que el proletariado asumía la función transitoria de dirigir, o administrar, la sociedad en su conjunto. De las iniciativas e impases de la Comuna, sacó la conclusión de que no era necesario «tomar» u «ocupar» la máquina del Estado, sino romperla.

Digamos de paso que el principal defecto de este análisis es probablemente la suposición de que la cuestión del poder estaba realmente en el orden del día entre marzo y mayo de 1871. De ahí las persistentes «críticas» que se han convertido en lugar común: lo que le faltó a la Comuna fue capacidad para tomar decisiones. Si hubiera marchado inmediatamente sobre Versalles, si se hubiera apoderado del oro de la Banque de France... En mi opinión, estos «si» no tienen ningún contenido real. En realidad, la Comuna no tenía ni los medios para responder realmente a ellos, ni probablemente siquiera para pensar en ellos.

De hecho, el balance de Marx es ambiguo. Por un lado, alaba todo lo que le parece ir en el sentido de la disolución del Estado, y más precisamente del Estado nación. Citaría, en este sentido, el rechazo de todo ejército profesional en favor de armar directamente al pueblo, el hecho de que los funcionarios debían ser todos elegidos y revocables, el fin de la separación de poderes en favor de un órgano a la vez deliberante y ejecutivo, el internacionalismo (el delegado de finanzas de la Comuna era alemán, los jefes militares eran polacos, etc.). Pero, por otra parte, deplora las incapacidades que son en realidad incapacidades del Estado: la debilidad de la centralización militar, la imposibilidad de definir las prioridades financieras o, de nuevo, el imperialismo en la cuestión nacional, en la dirección de los otros pueblos, en lo que se dice, o no se dice, sobre la guerra con Prusia, o en la movilización de la masa rural.

Es sorprendente ver que veinte años más tarde, en su prefacio de 1891 a una reimpresión del texto de Marx, Engels formalizó las contradicciones de la Comuna de la misma manera. Muestra que las dos fuerzas políticas dominantes en el movimiento de 1871, los proudhonianos y los blanquistas, fueron llevadas a hacer lo contrario de lo que su ideología explícita exigía. Los blanquistas eran partidarios de la centralización a ultranza, de la conspiración armada por la que un pequeño número de hombres decididos toma el poder y lo ejerce autoritariamente en favor de las masas trabajadoras. Tuvieron que proclamar la libre federación de todas las comunas y la destrucción de la burocracia estatal. Los proudhonianos eran hostiles a toda apropiación colectiva de los medios de producción, al tiempo que defendían la pequeña empresa «autogestionada». Tuvieron que apoyar la formación de vastas asociaciones obreras con el objetivo de dirigir directamente la gran industria. Engels concluyó naturalmente que la debilidad de la Comuna residía en la inadaptación de sus formas ideológicas a las decisiones estatales. Y que el resultado de este contraste era sencillamente el fin del blanquismo y del proudhonismo en favor únicamente del «marxismo».

Pero, ¿cuál era la relevancia de la corriente representada por Marx y Engels en 1871, o incluso mucho más tarde? ¿Con qué medios adicionales dotó a la Comuna su supuesta hegemonía?

De hecho, la ambigüedad de la apreciación de Marx se vió suprimida, durante más de un siglo, por la tendencia de la socialdemocracia, luego por su radicalización leninista, esto es, por el motivo fundamental del partido.

El partido «socialdemócrata», el partido «obrero», el partido «proletario» o, aún más tarde, el partido «comunista», es de hecho simultáneamente libre con respecto del Estado y ordenado en el ejercicio del poder.

Es un órgano puramente político, constituido por adhesión subjetiva, por ruptura ideológica, y como tal exterior al Estado. Está libre de dominación: es portador de la temática de la revolución, de la destrucción del Estado burgués.

Sin embargo, también es el organizador de una capacidad centralizada y disciplinada, totalmente centrada en la toma del poder del Estado. Es portador de la temática de un nuevo Estado, el Estado de la dictadura del proletariado.

Podría decirse, por tanto, que el partido se dio cuenta de la ambigüedad de la valoración marxista de la Comuna y le dio contenido. El partido se convierte en el lugar político de una tensión fundamental entre el carácter no estatal, o incluso antiestatal, de la política de emancipación, y el carácter estatal de la victoria y la duración de esa política. Y esto es así tanto si la «victoria» es insurreccional como electoral: el esquema mental es el mismo.

Por eso el partido dará lugar (completamente a partir de Stalin) a la figura del partido-Estado. Al partido-Estado se le atribuye una capacidad permanente para resolver los problemas que la Comuna había dejado sin resolver: centralización de la defensa policial y militar, destrucción completa de las posiciones económicas burguesas, agrupamiento o sometimiento de la población rural a la hegemonía obrera, creación de una poderosa Internacional, etc. No en vano el partido-Estado será el primero en asumir el papel de «Estado».

No en vano, según la leyenda, Lenin bailó sobre la nieve el día en que el poder bolchevique alcanzó, y luego superó, los setenta y dos días en que se cumplió todo el destino de la Comuna de París.

Queda por ver si, al dar salida a los problemas de Estado que la Comuna no pudo resolver, el partido-Estado no suprime, para ello, muchos de los problemas políticos que la Comuna tuvo el mérito de vislumbrar.

En cualquier caso, llama la atención que la Comuna, considerada en términos de retroalimentación del partido-Estado, se reduzca a dos parámetros: en primer lugar, su determinación social obrera y en segundo lugar el ejercicio heroico pero viciado del poder.

La Comuna queda así vaciada de todo contenido propiamente político. Ciertamente se la conmemora, celebra y reivindica, pero como puro punto de articulación de la naturaleza social del poder estatal. Y en la medida en que solo es eso, está políticamente obsoleta. Superada por lo que Sylvain Lazarus ha propuesto llamar el modo estalinista de la política, para el que el partido es el único lugar de la política.

Por eso la conmemoración es también lo que prohíbe cualquier reactivación. Hay una historia interesante que contar aquí sobre Brecht. Tras la guerra, Brecht regresó cautelosamente a la Alemania «socialista», donde gobernaban las tropas soviéticas. Para informarse a distancia, recaló primero en Suiza, en 1948. Allí, con la ayuda de Ruth Berlau, su novia de entonces, escribió una obra histórica: *Les Jours de la Commune* [Los días de la Comuna]. Se trata de una obra sólidamente documentada, en la que se mezclan personajes históricos con héroes populares. Es más lírica y cómica que épica. Una buena obra, en mi opinión, aunque raramente representada. Cuando llegó a Alemania, Brecht propuso *Les Jours de la Commune* a las autoridades. Sin embargo, en 1949, las autoridades declararon que la representación era inapropiada. Como el socialismo estaba en vías de instaurarse victoriosamente en Alemania del Este, no tenía sentido insistir en un episodio difícil y superado de la conciencia proletaria, como la Comuna. En resumen, Brecht se equivocó de tarjeta de visita. No había comprendido que, puesto que Stalin había definido el leninismo —reducido al culto del Partido— como «el marxismo de la era de las revoluciones victoriosas», no había necesidad de detenerse en las revoluciones derrotadas. Dicho esto, ¿cuál es la interpretación de Brecht sobre la Comuna? Para averiguarlo, leamos las dos últimas estrofas de la canción insertada en la obra, titulada *Resolución de los Comuneros*:

Considerando que no conseguiréis
Establecer un buen salario para nosotros
Recuperemos ahora las fábricas nosotros mismos,
Considerando que sin vosotros sí alcanza para nosotros
Considerando que nos
      Amenazáis pues con fusiles y cañones
Hemos decidido temer más ahora
Una mala vida que la muerte.

Considerando que no confiamos
En el gobierno, sea lo que sea que prometa
Hemos decidido construir ahora para nosotros
      Una buena vida bajo nuestra propia dirección.
Considerando que dais oídos a cañones
Otro lenguaje no podéis entender
¡Tenemos pues, sí, esto valdrá la pena,
Que girar los cañones hacia vosotros![2]

Está claro que el marco general sigue siendo el de la interpretación clásica. La Comuna es la combinación de lo social y el poder, de la satisfacción material y los cañones.

Tercera referencia. La reactivación china

Durante la Revolución Cultural, en particular entre 1966 y 1972, la Comuna de París volvió a activarse y a mencionarse muy a menudo, como si los maoístas chinos, enfrentados a la jerarquía congelada del partido-Estado, buscaran nuevas referencias más allá de la Revolución de Octubre y del leninismo oficial. Así, ya en la directiva de dieciséis puntos de agosto de 1966, texto probablemente redactado en gran parte por el propio Mao, se recomendaba inspirarse en la Comuna

---

[2] B. Brecht, *Más de cien poemas*, trad. Jesús Munárriz y Jenaro Talens, Madrid Hiperión, 1998 [N. del T.].

de París, en particular para la elección y destitución de los dirigentes de las nuevas organizaciones surgidas en el movimiento de masas. En enero de 1967, tras el derrocamiento del municipio de Shanghái por los revolucionarios obreros y estudiantiles, el nuevo órgano de poder tomó el nombre de «Comuna de Shanghái». Es evidente que algunos de los maoístas intentaban relacionarse políticamente con la cuestión del poder y del Estado de una forma distinta a la determinada canónicamente por la forma estalinista del partido.

Sin embargo, estos intentos resultaban precarios. En primer lugar, cuando se trataba de los nuevos órganos de poder provinciales o municipales creados tras las «tomas del poder», muy pronto se abandonó el término «comuna» en favor del mucho más indistinto de «comité revolucionario». La conmemoración del centenario de la Comuna en China en 1971 es otro ejemplo. La magnitud de las manifestaciones demuestra que se trataba de algo más que una conmemoración, y que aún había elementos de reactivación. Millones de personas marcharon por toda China. Pero el paréntesis revolucionario se iba cerrando poco a poco, como puede verse en el texto oficial publicado para la ocasión, que algunos leímos en su momento, y que algunos, muchos menos aún, han conservado y pueden releer (lo que probablemente se ha vuelto muy difícil para un chino...). El texto en cuestión es *¡Viva la victoria de la dictadura del proletariado!* En conmemoración del centenario de la Comuna de París.

Este texto es completamente ambivalente.

Es ciertamente notable que su epígrafe sea una frase de Marx, escrita durante la propia Comuna, que dice lo siguiente: «Si la Comuna fuera derrotada, la lucha solo sería aplazada. Los principios de la Comuna son eternos y no pueden ser destruidos; siempre volverán a ponerse al orden del día, mientras la clase obrera no haya conquistado su liberación».

Esta elección confirma que los chinos, todavía en 1971, consideran la Comuna no solo como un episodio glorioso (pero superado) de la historia de las insurrecciones obreras, sino como una exposición histórica de principios que hay que reactivar. Escuchemos también, detrás de la frase de Marx, otra frase, que podría ser de Mao: «Si la Revolución Cultural fracasa, sus principios seguirán, no obstante, en el orden del día». El hilo que une la Revolución Cultural más a la Comuna que a Octubre se estira una vez más.

La relevancia de la Comuna también queda demostrada por el hecho de que el contenido de su celebración enfrenta a los comunistas chinos con los dirigentes soviéticos. Por ejemplo: «Mientras el proletariado y todos los pueblos revolucionarios del mundo celebran solemnemente el centenario de la Comuna de París, los renegados revisionistas soviéticos, disfrazados de sucesores de la Comuna, se han subido al escenario para soltar su perorata sobre su «fidelidad a los principios de la Comuna». Esto es verdaderamente el colmo de la desfachatez. ¿Cómo pueden los renegados revisionistas soviéticos hablar de la Comuna de París?

Y es en el contexto de esta oposición ideológica, entre marxismo revolucionario creativo y estatismo retrógrado, donde el texto sitúa la propia contribución de Mao —y en particular la Revolución Cultural— en la continuidad de la Comuna:

> Las salvas de la Gran Revolución Cultural Proletaria, lanzadas y dirigidas por el propio Presidente Mao, destruyeron el cuartel general de la burguesía, cuyo líder era Liu Shaoqi, ese renegado, agente del enemigo y traidor a la clase obrera, e hicieron añicos el sueño de restaurar el capitalismo en China, alimentado por el imperialismo y el revisionismo moderno.

> El Presidente Mao hizo un balance completo de la
> experiencia histórica de la dictadura del proletariado
> en sus aspectos positivos y negativos, continuó, salva-
> guardó y desarrolló la teoría del marxismo-leninismo
> sobre la revolución proletaria y la dictadura del prole-
> tariado, formuló la gran doctrina sobre la continuación
> de la revolución bajo la dictadura del proletariado.

La frase clave es «la continuación de la revolución bajo la dictadura del proletariado».

Invocar la Comuna de París es comprender que la dictadura del proletariado no puede ser una simple fórmula de Estado y que es necesario recurrir a la movilización revolucionaria de las masas para proseguir la marcha hacia el comunismo. En otras palabras, es necesario inventar, en la experiencia revolucionaria en curso, que siempre es en parte una decisión imprevisible y precaria, las formas del Estado proletario, como hicieron por primera vez en la historia los obreros parisinos el 18 de marzo de 1871. Los maoístas se apresuraron a declarar que la Revolución Cultural era «la forma finalmente encontrada de la dictadura del proletariado».

Sin embargo, la concepción general de la relación entre política y Estado permaneció inalterada. En consecuencia, el intento de reactivación revolucionaria de la Comuna de París seguía formando parte del balance anterior, y seguía estando dominado por la figura tutelar del Partido. Esto se muestra claramente en el pasaje sobre las insuficiencias de la Comuna:

> La causa esencial del fracaso de la Comuna fue
> que, dadas las condiciones históricas de la época, el
> marxismo aún no se había asegurado un lugar pre-
> dominante en el movimiento obrero, y aún no existía
> un partido revolucionario proletario con el marxismo
> como ideología directriz [...].

Además de la excelente situación revolucionaria de las masas populares, sigue siendo necesario un sólido núcleo dirigente del proletariado, es decir, «un partido revolucionario basado en la teoría revolucionaria marxista-leninista y en el estilo revolucionario marxista-leninista».

La cita final sobre el partido, aunque es de Mao, podría ser sin ningún cambio de Stalin. Tan cierto es que, al final, la visión maoísta de la Comuna, por muy activa y militante que sea, sigue atrapada en el marco del partido-Estado y, por tanto, de lo que he llamado el «primer balance».

Al final de este recorrido de interpretación clásica, y de sus excepciones, podemos decir que la visibilidad política de la Comuna de París no es, hoy, evidente. Si al menos «hoy» significa que tenemos que responder al desafío de tener que pensar la política fuera de su sujeción al Estado y fuera del marco de los partidos, o del Partido.

Y, sin embargo, la Comuna fue una secuencia política que, precisamente, no tuvo lugar dentro de esta sujeción o de este marco.

Se trata, pues, de dar un paso al lado de la interpretación clásica y de abordar los hechos y las determinaciones políticas con un método completamente diferente.

Preliminares: ¿qué es la «izquierda»?

Empecemos por constatar que antes de la Comuna existían en Francia varios movimientos obreros y populares, más o menos armados, en dialéctica con la cuestión del poder del Estado. Podemos dejar de lado los terribles días de junio de 1848, cuando nadie pensaba que se había planteado la cuestión del poder: los obreros, acorralados y expulsados de París por el cierre de los talleres nacionales, luchaban en silencio, sin dirección ni perspectiva. Desesperación, furia, masacre. Pero ahí están las *Trois Glorieuses* de julio de 1830 y la caída de Carlos X, febrero de 1848 y la caída de Luis Felipe y, finalmente, el 4 de septiembre de 1870 y la caída de Napoleón III. En cuarenta años, jóvenes republicanos y obreros armados derribaron dos monarquías y un imperio. Por eso Marx, que consideraba a Francia como «el país clásico de la lucha de clases», escribió las obras maestras de *La lucha de clases en Francia, El dieciocho Brumario de Luis Bonaparte* y *La guerra civil en Francia*.

Por lo que respecta a 1830, 1848 y 1870, hay un rasgo común fundamental, tanto más fundamental cuanto que sigue siendo actual en gran medida. El movimiento político de masas era esencialmente proletario. Pero se aceptaba el hecho de que el balance estatal de este movimiento era la llegada al poder de camarillas de políticos, ya fueran republicanos u orleanistas. La distancia entre la política y el Estado es tangible: la proyección parlamentaria del movimiento político atestigua de hecho una incapacidad política con respecto al Estado. Pero también está claro que esta incapacidad se vive a medio plazo como un fracaso del movimiento y no como el precio de un desfase estructural entre el Estado y la invención política. Básicamente, en el movimiento proletario prevalece la visión subjetiva de que existe, o debe existir, una continuidad entre el movimiento político de masas y su equilibrio estatal. De ahí el tema recurrente de la «traición». (Los políticos en el poder traicionan al movimiento político. Pero ¿tuvieron alguna vez otra intención, o incluso otra función?). Y este desesperante motivo de la traición siempre conduce a la liquidación, a menudo durante un largo periodo, del movimiento político.

Esto es de gran interés para nosotros. Recordemos que el movimiento popular («¡*Ensemble!*») de diciembre de 1995, seguido del movimiento de los sin papeles en Saint-Bernard. Este desembocó en la elección de Jospin, contra quien los gritos, justificados empíricamente, de «traición» no se hicieron esperar. A mayor escala, Mayo del 68 y la secuencia «izquierdista» se agotaron con la movilización en torno a Mitterrand antes de 1981. Más atrás, la novedad radical y la esperanza política de los movimientos de Resistencia entre 1940 y 1945 no tuvieron mucho peso en la Liberación, frente a la vuelta al poder de los viejos partidos bajo De Gaulle. Jospin, Mitterrand y los de su calaña son los Jules Favre, Jules Simon, Jules Ferry, Thiers y Picard de nuestro tiempo. ¿Y todavía hoy nos llaman a «reconstruir la izquierda»? ¡Qué burla!

Es cierto que la memoria de la Comuna también es testigo de este ajuste constante de los embaucadores parlamentarios a los estallidos políticos de masas: ¿no está el Mur des Fédérés, el exiguo símbolo de los mártires obreros, al lado de la gran avenida Gambetta, el parlamentario de choque y fundador de la Tercera República?

Pero la propia Comuna fue una excepción.

La Comuna rompió por primera vez, y también hasta hoy por única vez, con el destino parlamentario de los movimientos políticos obreros y populares.

La noche de la resistencia de los barrios, el 18 de marzo de 1871, cuando las tropas se retiraron sin haber podido tomar los cañones, pudimos llamar a la vuelta al orden, negociar con el gobierno, sacar de la chistera de la historia una nueva camarilla de oportunistas. Esta vez no fue así.

Todo se concentró en la declaración del Comité Central de la Guardia Nacional, distribuida por todas partes el 19 de marzo: «Los proletarios de la capital, en medio del fracaso y la traición de las clases gobernantes, han comprendido que ha llegado el momento de salvar la situación tomando en sus manos la dirección de los asuntos públicos». Esta vez, esta única vez, no vamos a poner nuestro destino en manos de políticos competentes. Esta vez, solo esta vez, se invoca la traición como un estado de cosas del que finalmente debemos escapar, y no como una desafortunada consecuencia de lo que hemos elegido. Esta vez, solo esta vez, proponemos hacer frente a la situación utilizando únicamente los recursos del movimiento proletario».

Esto es realmente *una declaración política*. De lo que se trata es de examinar su contenido.

Pero primero una definición estructural esencial. Llamamos «izquierda» al grupo de políticos parlamentarios que se declaran singularmente cualificados para soportar las consecuencias generales de un movimiento político popular singular. O, en un léxico más contemporáneo, el único grupo capaz de proporcionar a los «movimientos sociales» una «salida política».

Así pues, la declaración del 19 de marzo de 1871 puede describirse con precisión: es una declaración de ruptura con la izquierda.

Evidentemente, esto es lo que se hizo pagar con sangre a los comuneros. En efecto, en caso de movimientos de gran envergadura, «la izquierda» ha sido, al menos desde 1830, el único recurso del orden establecido. Incluso en mayo de 1968, el PCF, como se dio cuenta rápidamente Pompidou, era el único partido capaz de restablecer el orden en las fábricas. La Comuna es el único ejemplo, a tal escala, de ruptura con la izquierda. Esto pone de relieve su virtud excepcional, su significado paradigmático —mucho más que Octubre— para los revolucionarios chinos entre 1965 y 1968, o para los maoístas franceses entre 1966 y 1976:

se trataba de romper con toda sujeción a ese emblema fundamental de «la izquierda» en que se habían convertido los partidos comunistas, estuvieran en el poder o en la oposición (pero, en un sentido profundo, un «gran» partido comunista siempre está en el poder).

Es cierto que la Comuna fue absorbida por la «memoria» de la izquierda tras su aplastamiento. La mediación de esta incorporación paradójica fue la lucha parlamentaria por la amnistía de los comuneros exiliados o aún encarcelados. A través de esta lucha, la izquierda esperaba consolidar sin riesgos su poder electoral. Luego vino la época de las conmemoraciones, de las que ya he hablado.

Hoy, hay que devolver a la Comuna su visibilidad política desincorporándola: hay que extraerla de todas las hermenéuticas izquierdistas que la han asolado durante tanto tiempo.

Aprovechemos que la izquierda, cuya bajeza es constitutiva, ha caído tan bajo que ya ni siquiera pretende acordarse de la Comuna.

Sin embargo, la operación no es sencilla. Requiere que se me permita, pacientemente, establecer algunos operadores, y echar una nueva mirada a los acontecimientos.

Ontología de la Comuna

La Comuna es un sitio

O una situación cualquiera. Un múltiple que pertenece a esta situación es un sitio, si pasa a contarse en el campo referencial de su propia aparición. O de nuevo: un sitio es un múltiplo que pasa a comportarse en la situación con respecto a sí mismo como con respecto a sus elementos, de modo que es el soporte del ser de su propia apariencia.

Aunque la idea siga siendo oscura, podemos ver su contenido: un sitio es una singularidad, porque convoca su ser en la apariencia de su propia composición múltiple. Se hace a sí mismo, en el mundo, el ser-ahí de su ser. Entre otras consecuencias, el sitio adquiere una intensidad de existencia. Un sitio es un ser que pasa a existir por sí mismo.

La cuestión es que el 18 de marzo de 1871 es un sitio.

Retomemos, aunque sea repitiéndonos, a efectos de una construcción singular, todos los términos de la situación «París al final de la guerra franco-prusiana de 1870». Era marzo de 1871. Tras una aparente resistencia, teñida de miedo al París obrero y revolucionario, los «republicanos» burgueses del gobierno provisional habían capitulado ante los prusianos de Bismarck. Para consolidar esta «victoria» política, muy similar a la venganza reaccionaria de Pétain en 1940 (prefirieron ponerse del lado del enemigo exterior antes que exponerse al enemigo interior), hicieron que la atemorizada población rural eligiera una asamblea mayoritariamente monárquica, con sede en Burdeos.

El gobierno, dirigido por Thiers, pretendía aprovechar las circunstancias para destruir la capacidad política de los trabajadores. En el lado parisino, el proletariado estaba armado, ya que había sido movilizado durante el sitio de París bajo la forma de la Guardia Nacional. En teoría, disponía incluso de varios centenares de cañones. El órgano «militar» de los parisinos es el Comité Central, compuesto por delegados de los diferentes batallones de la guardia nacional, a su vez vinculados a los grandes barrios obreros de París, Montmartre, Belleville, etc.

Tenemos, pues, un mundo dividido, cuya organización lógica, lo que en jerga filosófica puede llamarse organización trascendental, otorga las intensidades de la existencia política según dos criterios antagónicos. Por lo que respecta a las disposiciones jurídicas, electorales y representativas, solo podemos observar la preeminencia de la asamblea de legitimistas rurales, del gobierno capitulador de Thiers y de los oficiales del ejército regular que, tras haber sido apaleados sin demasiada insistencia por los soldados prusianos, sueñan con enfrentarse a los obreros parisinos. Ahí está el poder, y tanto más cuanto que es el único reconocido por las fuerzas de ocupación. Del lado de la resistencia, de la invención política, de la historia revolucionaria francesa, estaba el fértil desorden de las organizaciones obreras parisinas, donde el Comité Central de los veinte distritos, la Federación de Cámaras Sindicales, los pocos miembros de la Internacional, los comités militares locales... En realidad, la consistencia histórica de este mundo, escindido y desligado por las consecuencias de la guerra, descansaba en la convicción mayoritaria de la inexistencia de una capacidad gubernamental obrera. Para la inmensa mayoría de la gente, a menudo incluso para ellos mismos, los obreros politizados de París son incomprensibles. Eran la inexistencia misma del término «capacidad política» en el incierto mundo de la primavera de 1871. Para la burguesía, aún existían demasiado, al menos físicamente. La Bolsa asediaba al gobierno bajo el lema: «Nunca haréis transacciones financieras si no acabáis con estos canallas». Y para empezar, un imperativo que parecía fácil de apoyar: el desarme de los trabajadores y, en particular, la recuperación de los cañones que los comités militares de la guardia nacional habían esparcido por el París obrero. Fue esta iniciativa la que convirtió el «18 de marzo», un día, tal y como se expone en la situación «París en la primavera de 1871», en un sitio. Es decir, lo que se expone en la apariencia de una situación.

El 18 de marzo fue exactamente el primer día del acontecimiento conocido como (y que se llamó a sí mismo) Comuna de París, es decir, el ejercicio del poder en París por militantes políticos republicanos o socialistas y organizaciones obreras armadas, que duró del 18 de marzo al 28 de mayo de 1871. Esta secuencia culminó con la masacre de decenas de miles de «rebeldes» por las tropas del gobierno de Thiers y la asamblea reaccionaria.

¿Cuál es exactamente el contenido manifiesto de este comienzo el 18 de marzo? La respuesta es: la aparición del ser-obrero, hasta entonces un síntoma social, una fuerza bruta de sublevación o una amenaza teórica, en el espacio de la capacidad política y gubernamental.

¿Qué ocurrió? Thiers había ordenado al general Aurelle de Paladines que se apoderara de las armas de la Guardia Nacional. Hacia las tres de la madrugada, algunos destacamentos seleccionados llevaron a cabo la operación. Aparentemente fue todo un éxito. La proclama de Thiers y de los ministros, con las paradojas de una evaluación trascendental escindida, se leyó en las paredes: «Que los buenos ciudadanos se separen de los malos, que ayuden a las fuerzas del orden». Sin embargo, a las once de la mañana, el golpe había fracasado por completo. Cientos de mujeres comunes, entonces trabajadoras anónimas y guardias nacionales que actuaban por iniciativa propia, rodearon a los soldados. Muchos confraternizaron. Los cañones fueron retomados. El general Aurelle de Paladines entró en pánico. El gran peligro rojo hacía acto de presencia: «El gobierno os llama a defender vuestros hogares, vuestras familias y vuestros bienes. Unos cuantos hombres descarriados, que solo obedecen a jefes ocultos, dirigen contra París los cañones arrebatados a los prusianos». Según él, se trataba de «poner fin a un comité insurreccional, cuyos miembros solo representaban doctrinas comunistas, saquearían París y acabarían con Francia». En vano. A pesar de no tener un verdadero liderazgo, la rebelión se extendió y ocupó toda la ciudad. Las organizaciones obreras armadas tomaron los cuarteles, los edificios públicos y finalmente el Hôtel de Ville, que, bajo la bandera roja, se convertirá en el lugar y el símbolo del nuevo poder. Thiers escapó por una escalera secreta, el ministro Jules Favre saltó por la ventana y todo el aparato gubernamental desapareció y se trasladó a Versalles. París se entregó a la insurrección.

El 18 de marzo es un sitio en el que, además de todo lo que aparece bajo la evasión trascendental del mundo «París en la primavera de 1871», él mismo aparece como el comienzo relámpago y totalmente imprevisible de una ruptura (todavía, hay que reconocerlo, sin concepto) con aquello mismo que normalizó su aparición. Nótese que «Le 18 mars» es el título de uno de los capítulos de la magnífica *Histoire de la Commune* de 1871 publicada por el militante Lissagaray en 1876. El capítulo se refiere naturalmente a las «mujeres del 18 de marzo» y al «pueblo del 18 de marzo», demostrando así la inclusión del «18 de marzo», convertido en predicado, en la evaluación de lo que resultó de los diversos acontecimientos que constituyeron ese día. Lissagaray ve claramente que, a través de los azares del 18 de marzo, se produce un desplazamiento inmanente de las leyes del aparecer bajo la presión del ser. En efecto, el hecho de que el pueblo trabajador de París, superando la dispersión de su marco político, impidiera que se llevara a cabo por la fuerza un acto gubernamental preciso (la toma de los cañones) significó, en última instancia, que tenía que aparecer una capacidad desconocida, un poder sin precedentes. Así es como el «18 de marzo» llega a aparecer, bajo el mandato de ser, como un elemento de la situación que es. Desde el punto de vista de las apariencias reguladas, de hecho, la posibilidad de un poder gubernamental obrero y popular pura y simplemente no existe. Ni siquiera para los militantes obreros, que hablan indistintamente el léxico de la «República». En la noche del 18 de marzo, la mayoría de los miembros del Comité Central de la Guardia Nacional, única autoridad efectiva de la ciudad abandonada por sus guardianes legales, seguían convencidos de que no debían sentarse en el Hôtel de Ville, repitiendo que «no tienen mandato para gobernar». Lo que equivale a decir, de acuerdo con nuestro concepto de «izquierda», que se resisten a romper con ella. Solo con la espada de las circunstancias clavada en la espalda decidieron finalmente, como les dictó Édouard Moreau, un completo desconocido, la mañana del 19 de marzo, «celebrar elecciones, prestar servicios públicos y salvar a la ciudad de una sorpresa».

Al hacer esto, *volens nolens*, se constituyeron directamente, contra toda lealtad a la izquierda parlamentaria, en autoridad política. Al hacerlo, incluyen el 18 de marzo como el comienzo de esa autoridad, en los efectos del 18 de marzo.

Tenemos que entender, entonces, que el 18 de marzo es un sitio, en el sentido de que se impone a todos los elementos que contribuyen a su propia existencia como llamamiento «por la fuerza», contra el fondo indistinto del ser-trabajador, a una evaluación trascendental completamente nueva de su intensidad. El sitio del «18 de marzo», pensado como tal, es una subversión de las reglas de la apariencia política (de la lógica del poder) por su propio apoyo activo, este «18 de marzo» empírico donde se distribuye la posibilidad imposible de la existencia obrera.

La Lógica de la Comuna

La Comuna es una singularidad

En cuanto al pensamiento de su ser puro, un sitio es simplemente un múltiplo que resulta ser un elemento de sí mismo. Es lo que acabamos de ilustrar con el ejemplo del 18 de marzo, complejo conjunto de acontecimientos del que se desprende que el «18 de marzo» se instituye, en el objeto «18 de marzo», como exigencia de una nueva apariencia política, como forzamiento de una evaluación trascendental inédita de la escena política.

Sin embargo, el sitio debe pensarse no solo en términos de la particularidad ontológica que acabo de reconocer, sino también en términos del despliegue lógico de sus consecuencias.

En efecto, el sitio es una figura del momento. Aparece para desaparecer. La duración real, el tiempo que abre o funda, solo puede ser el de sus consecuencias. El entusiasmo del 18 de marzo de 1871 fundó ciertamente el primer poder obrero de la historia, pero cuando, el 10 de mayo, el Comité Central proclamó que, para salvar «esta revolución del 18 de marzo que había hecho tan bella», iba a «poner fin a los tiras y aflojas, vencer la mala voluntad, acabar con la competencia, la ignorancia y la incapacidad», esta jactanciosa desesperación se refería a lo que, desde hacía dos meses, aparecía en la ciudad en términos de distribución, o de desarrollo, de la intensidad política.

Dicho esto, ¿qué es una consecuencia? Este punto es fundamental para toda la teoría del aparecer histórico de una política. Obviamente, voy a recortar los detalles técnicos de esta teoría. Lo más sencillo es fijar el valor de la relación de consecuencia entre dos términos de una situación por la mediación de su grado de existencia. Si el elemento a de una situación es tal que la existencia de a vale p, y si el elemento b de la misma situación existe en el grado q, plantearemos que b es consecuencia de a en la medida exacta en que valga la subordinación de estas intensidades, o si se quiere, su orden. Si, por ejemplo, en la escala de medida de

intensidades de existencia propia de la situación considerada, *q* es muy inferior a *p*, la subordinación de *b* a *a*
se validará como consecuencia.

Podemos decir entonces lo siguiente: la consecuencia es una relación, fuerte o débil, entre existencias.
Así, el grado en que una cosa es consecuencia de otra
nunca es independiente de la intensidad de existencia
de estas cosas en la situación en cuestión. Así, la declaración del Comité Central antes mencionada, la del 10
de mayo de 1871, puede leerse como una tesis sobre las
consecuencias.

Registra:

- La fortísima intensidad de existencia de la jornada del 18 de marzo de 1871, esa revolución
  «tan bella».

- Implícitamente, el desastroso grado de existencia de la disciplina política en el campo obrero,
  dos meses después («mala voluntad», «agobio»,
  «ignorancia», «incapacidad»).

- La voluntad, desgraciadamente abstracta, de
  elevar el valor de las consecuencias de la política
  actual en relación con la potencia de existencia
  de su origen desaparecido.

- El sitio es el aparecer / desaparecer de un múltiplo cuya paradoja es el autoaparecer. La lógica
  del sitio concierne a la distribución de intensidades en torno a este punto desaparecido
  que es el sitio. Así pues, hay que empezar por
  el principio: ¿cuál es el valor de existencia del
  propio sitio? Luego pasaremos a considerar las
  consecuencias.

Nada en la ontología del sitio prescribe su valor de existencia. Un surgimiento puede no ser más que una aparición local apenas «perceptible» (pura imagen, porque aquí no hay percepción). O también: un desaparecer puede no dejar rastro. Es muy posible que, ontológicamente afectado por el estigma del cambio «real» (autoaparición y desaparición en el instante), un sitio sea sin embargo, por su insignificancia existencial, muy poco diferente de una simple continuación de la situación.

Por ejemplo, el martes 23 de mayo de 1871, cuando casi todo París estaba en manos de la soldadesca de Versalles, que fusilaba a miles de obreros en todas las escaleras de la ciudad, y cuando ya no quedaba ninguna dirección política ni militar del lado de los comuneros, que luchaban barricada a barricada, los restos del Comité Central emitieron su última proclama, pegada apresuradamente en algunas paredes, que era, como dijo Lissagaray con oscura ironía, una «proclama de los vencedores». Exigía la disolución conjunta de la Asamblea (legal) de Versalles y de la Comuna, la retirada del ejército de París, un gobierno provisional confiado a delegados de las grandes ciudades y la amnistía mutua. ¿Cómo describir este triste «Manifiesto»? Por su propia incongruencia, no puede reducirse a la normalidad de la situación. Expresa todavía, aunque en jirones, o en burla, la confianza en sí misma de la Comuna, su legítima convicción de que tenía un principio político. Es legítimo considerar este papel, que el viento de los cuarteles hará caer en el olvido, como parte del sitio. Sin embargo, en el crepúsculo salvaje de la insurrección obrera, su existencia tiene muy poco valor. Lo que está en cuestión aquí es el poder singular del sitio. El manifiesto del Comité Central está en realidad ubicado ontológicamente en lo que mantiene unido el sintagma acontecimiento «Comuna de París», pero, al no ser en sí mismo más que un signo de descomposición y de impotencia, retrotrae la singularidad a los márgenes de la composición pura y simple de la situación, o de su desarrollo mecánico, sin creación real.

Sobre este punto, citemos el terrible pasaje dedicado a los últimos momentos de la Comuna por Julien Gracq, en *Lettrines*. En 1981, incluí este texto en el prefacio de *Théorie du Sujet*, para mostrar que todos mis esfuerzos filosóficos estaban encaminados a contribuir, aunque fuera un poco, a que nosotros, herederos políticos de la Revolución Cultural y de Mayo del 68, no nos convirtiéramos nunca en «vendedores de cupones de arenque».

Gracq está releyendo actualmente el tercer volumen, titulado *L'Insurgé*, de la autobiografía de Jules Vallès, dirigente comunero. He aquí un fragmento de su comentario:

> Marx fue indulgente con el estado mayor de la Comuna, cuya insuficiencia veía perfectamente. La revolución también tiene sus Trochus y sus Gamelins. La franqueza de Vallès consterna, y haría aborrecer a ese estado mayor proclive a la proclamación, a esos revolucionarios *chand'vins* que, en los últimos días de la semana sangrienta, fueron escupidos por los *barricadiers* de Belleville. No hay excusa para librar ni siquiera el buen combate cuando se libra con tanta ligereza.
>
> Una especie de náusea atroz se levanta para seguir la grotesca y patética mascarada de las últimas páginas, donde el desdichado delegado de la Comuna, con su pañuelo que ya no se atreve a mostrar agarrado bajo el brazo en un periódico, una especie de irresponsable de barrio, un *Charlot* de gasolina saltando entre la metralla, deambula como un perro perdido de una barricada a otra, incapaz de nada, acosado por la multitud revanchista, repartiendo como el diablo cupones de arenques, cupones de munición y cupones de incendio, e implorando a la hosca multitud que le

aprieta demasiado, furiosamente agitada por el lío en que les ha metido, lastimosamente, «Dejadme en paz, por favor. Necesito pensar por mí mismo».

En su exilio de valiente irresponsable, debió de despertarse a veces por la noche y seguir oyendo las voces de la gente que iba a ser fusilada en unos minutos, y que gritaba tan furiosa desde la barricada: «¿Dónde están las órdenes? ¿Dónde está el plan?

Para que no se produjera este tipo de desastre, la fuerza de la existencia en la aparición del sitio tendría que compensar su desaparición. Solo un lugar cuyo valor de existencia es máximo puede ser un acontecimiento. Este fue sin duda el caso el 18 de marzo de 1871, cuando los trabajadores de París, dirigidos por mujeres, impidieron que el ejército desarmara a la Guardia Nacional. Ya no lo fue con respecto de la dirección política de la Comuna a partir de finales de abril.

Llamaremos hecho a un sitio cuya intensidad de existencia no es máxima.

Llamaremos singularidad a un sitio cuya intensidad de existencia es máxima.

Nótese que la fuerza represiva de los versalleses vino acompañada de una propaganda que desingularizaba sistemáticamente la Comuna, presentándola como un conjunto monstruoso de hechos que había que devolver (por la fuerza) al orden normal de las cosas. Esto dio lugar a declaraciones extraordinarias, como por ejemplo, la del 21 de mayo de 1871, en medio de masacres de obreros, en el periódico conservador *Le Siècle*: «El problema social está resuelto o en vías de solución». No hay mejor manera de expresarlo. Es cierto que el 21 de marzo, tres días después de la insurrección, Jules Favre declaró que París estaba en manos de «un puñado de villanos, que anteponen un ideal sangriento y depredador a los derechos de la Asamblea».

Las opciones estratégicas y tácticas se mueven, en la apariencia de una situación, entre el hecho y la singularidad, porque se trata siempre de relacionarse con un orden lógico de circunstancias.

Si un mundo puede situarse finalmente, en términos de lo que le sucede a un lugar, y puede ordenarse entre la singularidad y el hecho, entonces le corresponde a la red de consecuencias decidir.

El 18 de marzo y sus consecuencias

La singularidad se desvía más de la simple continuidad que el hecho, porque le atribuye una intensidad máxima de existencia. Si ahora nos vemos obligados a distinguir entre singularidades débiles y fuertes, es con respecto de los vínculos de consecuencia que el lugar desaparecido teje con los demás elementos de la situación que lo presentaba al mundo.

En resumen, existir al máximo durante el tiempo de su aparición / desaparición confiere al lugar el poder de una singularidad. Pero ese existir máximo es toda la fuerza de esta singularidad.

Reservaremos el nombre de acontecimiento para una singularidad fuerte.

Un poco de didáctica sobre la distinción predicativa fuerza / debilidad aplicada a las singularidades (a los sitios cuya intensidad trascendental de existencia es máxima). Es evidente que, en el orden del trabajo de aparición a través de una verdad, la Comuna de París, aplastada en sangre en dos meses, es sin embargo mucho más importante que el 4 de septiembre de 1870, cuando se derrumbó el régimen político del Segundo Imperio y comenzó la Tercera República, que iba a durar setenta años. Pero no fueron solo los actores: el 4 de septiembre fue también el pueblo trabajador, bajo las banderas rojas, el que invadió la plaza del Hôtel de Ville y provocó la debacle de los funcionarios, tan bien relatada por Lissagaray: «Grandes dignatarios, gordos funcionarios, mamelucos feroces, ministros imperiosos, chambelanes, generales solemnes y bigotudos se escabulleron lastimosamente el 4 de septiembre, como un montón de payasos silbados». Por un lado, una insurrección que no tuvo efectos duraderos; por otro, un día que cambió el Estado. Pero el 4 de septiembre iba a ser secuestrado por los políticos burgueses, preocupados sobre todo por restablecer el orden de los terratenientes. Sin embargo, la Comuna, punto de referencia ideal de Lenin, iba a inspirar un siglo de pensamiento revolucionario, y por ello merecía la famosa valoración que Marx hizo de ella inmediatamente, incluso antes de su sangriento final: «La Comuna es el comienzo de la revolución social del siglo XIX. Sea cual sea su destino en París, dará la vuelta al mundo». Inmediatamente fue aclamada por las clases trabajadoras de Europa y Estados Unidos como la palabra mágica de la liberación.

Supongamos que el 4 de septiembre de 1870, en línea con la tendencia general de los Estados europeos hacia la forma parlamentaria, es una singularidad débil. Y que la Comuna, proponiendo una regla de emancipación al pensamiento, reemplazada —quizá a contrapelo— en octubre de 1917, pero más precisamente en el verano de 1967 en China, o en el Mayo francés del 68, es una singularidad fuerte. Pues no solo cuenta la intensidad excepcional de su emergencia —el hecho de que haya sido un episodio de aparición violenta y creadora—, sino también lo que esta emergencia, aunque se haya desvanecido, tiene, a largo plazo, de gloriosas e inciertas consecuencias.

Los comienzos se miden por lo que permiten de recomienzos.

Es por lo que de esta continúa en la concentración, fuera de sí, de su intensidad, por lo que podemos juzgar
si una adición aleatoria al mundo merece ser tenida,
no solo, más allá de continuaciones y hechos, por una
singularidad, sino de hecho por un acontecimiento.

La Comuna es un acontecimiento

Así pues, todo depende de las consecuencias. Pero
notemos esto: no hay consecuencia trascendental más
fuerte que traer a un mundo lo que no existía en él.
Tal fue el caso de la jornada del 18 de marzo de 1871,
que colocó en el centro de la agitación política a un
conjunto de obreros desconocidos, desconocidos incluso para los especialistas de la revolución, esos viejos
«cuarentayochistas» que habían sobrevivido y que,
desgraciadamente, más tarde estorbaron a la Comuna con su ineficaz logomaquia. Volvamos a la primera
proclama del Comité Central, el diecinueve de marzo,
único órgano directamente responsable de la insurrección del dieciocho: «Que París y Francia pongan juntos
los cimientos de una República aclamada con todas sus
consecuencias, único gobierno que cerrará para siempre la era de las invasiones y de las guerras civiles».
¿Quién firmó esta decisión política sin precedentes?
Veinte personas, tres cuartas partes de ellas proletarios
a los que solo la circunstancia constituye e identifica.
El funcionario del gobierno no tuvo inconveniente en
preguntar: «¿Quiénes son los miembros de este comité? ¿Son comunistas, bonapartistas o prusianos? El
viejo tema de los «agentes de países extranjeros». En
realidad, el acontecimiento tuvo como efecto que los
inexistentes trabajadores de la víspera pasaran a tener
una existencia política máxima, si bien provisoria.

Por tanto, podemos reconocer una fuerte singularidad por el hecho de que tiene como consecuencia, en la
situación, traer a la existencia lo inexistente.

De forma más abstracta, plantearemos la siguiente definición: dado un lugar (un múltiplo afectado por la autoaparición), que es una singularidad (su intensidad de existencia, por instantánea y evanescente que esta sea, es sin embargo máxima), diremos que este lugar es una singularidad fuerte, o un acontecimiento, si una consecuencia de la intensidad (máxima) del lugar es que algo cuyo valor de existencia era cero en la situación adquiere un valor de existencia positivo.

Así que todo lo que estamos diciendo es esto: la consecuencia verdadera al máximo de la intensidad (máxima) de existencia de un suceso es la existencia de algo que no existe.

Por supuesto, aquí hay una violenta paradoja. Pues si una implicación es verdadera al máximo, y su antecedente es también verdadero al máximo, entonces su consecuente debe ser también verdadero al máximo; esto lleva a la insostenible conclusión de que, bajo el efecto de un acontecimiento, lo inexistente del lugar existe absolutamente.

Y en efecto: los desconocidos del Comité Central, políticamente inexistentes en el mundo de la víspera, existen absolutamente el mismo día de su aparición. El pueblo de París obedece sus proclamas, les anima a ocupar todos los edificios públicos y acude a las elecciones que organizan.

La paradoja puede analizarse en tres etapas.

En primer lugar, el principio de este paso de la inexistencia a la existencia absoluta en la apariencia mundana es un principio de desaparición. El acontecimiento consume su poder en esta transfiguración existencial. Como multiplicidad de acontecimientos, el 18 de marzo de 1871 no tiene la menor estabilidad.

Entonces, si la inexistencia del lugar debe conquistar en última instancia la máxima intensidad en el orden de la aparición, es solo en la medida en que ahora ocupa el lugar de lo desaparecido; su maximalidad es la marca subsistente, en el mundo, del acontecimiento mismo. La existencia «eterna» de lo inexistente es la huella, o el enunciado, en el mundo, del acontecimiento que ha desaparecido. Las proclamas de la Comuna, primer poder obrero de la historia universal, constituyen un existente histórico, cuyo carácter absoluto pone de manifiesto que ha llegado al mundo una disposición completamente nueva de su aparición, una mutación de su lógica. La existencia de lo inexistente es aquello por lo que, en el interior del aparecer, se despliega su subversión por el ser subyacente. Es la marca lógica de una paradoja del ser. Una quimera onto-lógica.

Destrucción

Por último, allí donde ahora está la existencia, debe volver lo inexistente. El orden mundano no está tan subvertido como para exigir la abolición de una ley lógica de las situaciones. Toda situación tiene al menos un elemento inexistente propio. Y si llega a sublimarse en existencia absoluta, otro elemento del lugar debe dejar de existir, para que la ley pueda salvarse, y la coherencia del aparecer se preserve al final.

En 1896, añadiendo una conclusión a su *Historia de la Comuna* de 1871, Lissagaray hizo dos observaciones. La primera era que la tropa de reaccionarios y asesinos de obreros de 1871 seguía en pie. Con la ayuda del parlamentarismo, esta ha incluso aumentado de la mano de «algunos burgueses que, bajo la máscara de demócratas, facilitan sus acercamientos». La segunda es que el pueblo ha constituido ahora su propia fuerza: «Tres veces [en 1792, 1848 y 1870], el proletariado francés hizo la República para otros; ahora está listo para la suya». En otras palabras, el acontecimiento de la Comuna, que comenzó el 18 de marzo de 1871, ciertamente no tuvo la consecuencia de destruir al grupo dominante y a sus políticos; pero destruyó algo más importante: la subordinación política de los trabajadores y del pueblo. Lo que se destruyó fue la incapacidad subjetiva: «Ah», exclamó Lissagaray, «los obreros del campo y de las ciudades no dudan de su capacidad». La absolutización de la existencia política obrera, la existencia de lo inexistente, convulsa y aplastada, destruyó sin embargo la necesidad de una forma esencial de sujeción: la de la política proletaria posible a la maniobra política burguesa (a la izquierda). Como todos los acontecimientos auténticos, la Comuna no hizo realidad una posibilidad, sino que la creó. Esta posibilidad es simplemente la de una política proletaria independiente.

Que el sometimiento de esta posibilidad a la izquierda sea, reconstituida, o más bien, bajo el mismo nombre de «democracia», reinventada, es otra historia, otra secuencia en la atormentada historia de las verdades. El hecho es que allí donde no existía, vino la destrucción de aquello que legitimaba su inexistencia. Lo que, a principios del siglo XX, ocupó el lugar de lo muerto no fue ya la conciencia política de la clase obrera, sino, aunque el siglo aún no fuera consciente de ello, el prejuicio sobre el carácter natural de las clases, y sobre la vocación secular de los terratenientes y los ricos a detentar el poder estatal y social. Es esta destrucción la que la Comuna de París lleva a cabo para el futuro, incluso en la muerte aparente de su propia sobreexistencia.

Aquí tenemos una máxima trascendental: si lo que no valía nada pasa, bajo la apariencia de una consecuencia fáctica, a valerlo todo, entonces se destruye un hecho establecido de las apariencias. Lo que parecía sostener la cohesión del mundo es derribado; de modo que, si la indexación trascendental de los estados es efectivamente la base (lógica) del mundo, entonces es correcto decir: «El mundo va a cambiar de base».

Cuando el mundo se ve violentamente encantado por las consecuencias absolutas de una paradoja del ser, todo el aparecer, amenazado por la destrucción local de una evaluación consuetudinaria, debe reconstituir una distribución diferente de lo que existe y de lo que no existe.

Bajo el empuje que el ser ejerce sobre su propio aparecer, lo único que puede sucederle a un mundo es el azar, mezcla de existencia y destrucción, de otro mundo.

Para concluir

Creo que en la Comuna este otro mundo reside, para nosotros, en otro lugar completamente distinto de su existencia posterior, que llamaré su primera existencia. Es decir, el partido-Estado y su referente social, los obreros. Existe en la constatación de que una ruptura política es siempre la combinación de una capacidad subjetiva y la organización, totalmente independiente del Estado, de las consecuencias de esa capacidad.

También es un punto importante mantener que tal ruptura es siempre una ruptura con la izquierda, en el sentido formal que he dado al término. Lo que también significa, hoy en día, una ruptura con la forma representativa de la política, o, si se quiere llevar la provocación más lejos, una ruptura con la «democracia».

Que las consecuencias de una capacidad política sean necesariamente del orden del poder y de la gestión del Estado pertenece al primer balance de la Comuna, no al que nos interesa. Pues nuestro problema es más bien volver, por debajo de esta primera valoración (anterior a Lenin, si se quiere), a esto, que estaba vivo, aunque derrotado, en la Comuna: una política surge cuando una declaración es también, y al mismo tiempo, una decisión sobre las consecuencias. Y, por tanto, cuando una declaración se activa en forma de una disciplina colectiva hasta entonces desconocida. Porque nunca debemos dejar de recordar que los que no son nada solo pueden afrontar el reto de las consecuencias de su aparición en el elemento de una nueva disciplina, que es una disciplina práctica del pensamiento. El Partido en el sentido de Lenin representaba ciertamente la creación de tal disciplina, pero en su subordinación final a la coacción del Estado. La tarea hoy es apoyar la creación de una disciplina que esté sustraída a la zona de dominio del Estado, una disciplina que sea política hasta la médula.

IV

La Idea de Comunismo

Mi objetivo hoy es describir una operación intelectual a la que daré —por razones que espero sean convincentes— el nombre de Idea de Comunismo. El momento más delicado de esta construcción es sin duda el más general, aquel en el que hay que decir lo que es una Idea, no solo en términos de verdades políticas (y en este caso, la Idea es la del comunismo), sino en términos de cualquier verdad (y en este caso, la Idea es un reactualización contemporánea de lo que Platón trata de transmitirnos bajo los nombres de *eidos*, o idea, o aún más precisamente, la Idea del Bien). Dejaré implícita gran parte de esta generalidad,[1] para ser lo más claro posible sobre la Idea de Comunismo.

---

[1] El motivo de la Idea aparece gradualmente en mi obra. Sin duda ya estaba presente a finales de los años ochenta, cuando en *Manifiesto por la filosofía* me refería a mi empresa como un «platonismo de lo múltiple», lo que hacía necesario retomar mi meditación sobre lo que es una Idea. En *Lógicas de los mundos*, esta meditación adquiere una forma imperativa: la «vida real» se piensa como vida según la Idea, contra la máxima del materialismo democrático contemporáneo, que nos ordena vivir sin la Idea. Profundizo en la lógica de la Idea en *Segundo manifiesto por la filosofía*, donde se introduce la noción de ideación y, por tanto, el valor operativo, o activo, de la Idea. Todo ello

La operación «Idea de Comunismo» requiere tres componentes primordiales: un componente político, un componente histórico y un componente subjetivo.

En primer lugar, el componente político. Es lo que yo llamo una verdad, una verdad política. A propósito de mi análisis de la Revolución Cultural (verdad política donde las haya), un comentarista del diario británico *The Observer* creyó poder decir que, por el mero hecho de constatar mi relación positiva con este episodio de la historia china (para él, por supuesto, un caos siniestro y asesino), se congratulaba de que la tradición empirista inglesa hubiera «inoculado [a los lectores de *The Observer*] contra cualquier complacencia hacia el despotismo de la ideocracia». En resumen, se alegraba de que el imperativo dominante en el mundo actual sea «Vivir sin Idea». Para complacerle, empezaré diciendo que, después de todo, una verdad política puede describirse de forma puramente empírica: es una secuencia concreta y fechada en la que surge, existe y desaparece una nueva práctica y un nuevo pensamiento de emancipación colectiva.[2] Incluso podemos poner

---

se sustenta en un compromiso polifacético por revitalizar el uso de Platón. Entre ellas, mi seminario, que desde hace dos años lleva por título «*Pour aujourd'hui: Platon*» [Para hoy: Platón]; el proyecto de realizar una película sobre la vida de Platón; y la traducción completa (que yo llamo «hipertraducción») de *La República*, rebautizada «*Du commun(isme)*», y reorganizada en nueve capítulos, que espero completar y publicar en 2010.

[2] La rara existencia de la política, en forma de secuencias condenadas a la cesación inmanente, está muy bien articulada por Sylvain Lazarus en su libro *L'anthropologie du Nom*. Llama a estas secuencias «modos históricos de la política», definidos por un tipo de relación entre una política y su pensamiento. Mi elaboración filosófica de lo que es un procedimiento de verdad es aparentemente muy diferente (los conceptos de acontecimiento y genericidad están completamente ausentes del pensamiento de Lazarus). En *Lógicas de los mundos* expliqué por qué, sin embargo, mi empresa filosófica es compatible con la de Lazarus, que propone una forma de pensar la política desde el punto de vista de la política misma.

ejemplos: la Revolución francesa entre 1792 y 1794; la Guerra Popular en China entre 1927 y 1949; el bolchevismo en Rusia entre 1902 y 1917; y ¡ahí lo tiene *The Observer!*, aunque tampoco le deben gustar mucho mis otros ejemplos, la Gran Revolución Cultural Proletaria, siempre entre 1965 y 1968. Dicho esto, formalmente, esto es filosóficamente, estamos hablando aquí de un procedimiento de verdad, en el sentido que he dado a este término desde *El ser y el acontecimiento*. Volveré sobre ello dentro de un momento. Notemos enseguida que todo procedimiento de verdad prescribe un Sujeto de esta verdad, un Sujeto que, incluso empíricamente, no es reducible a un individuo.

Luego está el componente histórico. La datación muestra que un procedimiento de verdad se inscribe en el devenir general de la Humanidad, en una forma local, cuyos soportes son espaciales, temporales y antropológicos. Epítetos como «francés» o «chino» son índices empíricos de esta localización. Explican por qué Sylvain Lazarus (véase la nota anterior) habla de «modos históricos de la política», y no solo de «modos». En efecto, una verdad tiene una dimensión histórica, aunque sea en última instancia universal (en el sentido que doy a esta palabra en mi *Ética*, por ejemplo, o en mi *San Pablo o el fundamento del universalismo*) o eterna (como prefiero decir en *Lógicas de los mundos* o en *Segundo manifiesto por la filosofía*). Veremos en particular que, dentro de un tipo dado de verdad (política, pero también amorosa, artística o científica), la inscripción histórica incluye relaciones entre verdades diferentes y, por tanto, situadas en diferentes momentos del tiempo humano general. En particular, hay efectos retroactivos de una verdad sobre otras verdades que se crearon antes que ella. Todo ello requiere una disponibilidad transtemporal de las verdades.

Hay que señalar que también para Lazarus la cuestión de la datación de los modos es evidentemente muy importante.

Por último, el componente subjetivo. Se trata de la posibilidad de que un individuo, definido como un simple animal humano, y claramente diferenciado de cualquier Sujeto, decida[3] formar parte de un procedimiento de verdad política. Convertirse, en definitiva, en militante de esta verdad. En *Lógicas de los mundos*, y más sencillamente en *Segundo manifiesto por la filosofía*, describo esta decisión como una incorporación: el cuerpo individual y todo lo que conlleva de pensamientos, afectos, potencialidades de acción, etc., se convierte en uno de los elementos de otro cuerpo, el cuerpo-de-la-verdad, la existencia material en un mundo dado de una verdad en ciernes. Es el momento en que el individuo declara que puede ir más allá de los límites (del egoísmo, la rivalidad, la finitud, etc.) impuestos por la individualidad (o la animalidad, es lo mismo). Puede hacerlo en la medida en que, sin dejar de ser el individuo que es, se convierte también, por incorporación, en parte activa de un nuevo Sujeto. Llamo a esta decisión, a esta voluntad, una subjetivación.[4] Más en general, la subjetivación es siempre el movimiento por el cual un individuo fija el lugar de una verdad en relación con su propia existencia vital y con el mundo en el que esa existencia se despliega.

Llamo «Idea» a una totalización abstracta de los tres elementos primordiales, un procedimiento de verdad, una pertenencia histórica y una subjetivación

---

[3] Este aspecto de decisión, elección y voluntad *(The Will)*, en el que la Idea envuelve un compromiso individual, está cada vez más presente en la obra de Peter Hallward. Es característico que las referencias a las revoluciones francesa y haitiana, donde estas categorías son más visibles, ronden ahora toda su obra.

[4] En mi *Teoría del sujeto*, publicada en 1982, el binomio subjetivación y proceso subjetivo desempeña un papel fundamental. Una señal más de que, como sostiene Bruno Bosteels en su obra (incluida su traducción al inglés, que pronto se publicará con un notable comentario, de la citada *Teoría...*), estoy volviendo gradualmente a algunas de las intuiciones dialécticas de ese libro.

individual. Podemos dar inmediatamente una definición formal de la Idea: una Idea es la subjetivación de
la relación entre la singularidad de un procedimiento de verdad y una determinada representación de la
Historia.

En nuestro caso, diríamos que una Idea es la posibilidad, para un individuo, de comprender que su
participación en un proceso político singular (su entrada en un cuerpo de verdad) es también, en cierto
sentido, una decisión histórica. Con la Idea, el individuo, como parte del nuevo Sujeto, se da cuenta de que
pertenece al movimiento de la Historia. Durante cerca
de dos siglos (desde la «Comunidad de iguales» de Ba-
beuf hasta los años ochenta del siglo pasado), la palabra
«comunismo» fue el nombre más importante de una
Idea situada en el campo de las políticas de emancipación, o de las políticas revolucionarias. Ser comunista
era sin duda ser militante de un partido comunista en
un país determinado. Pero ser militante de un partido
comunista era ser uno de los millones de agentes de
una orientación histórica de la Humanidad en su conjunto. La subjetivación vinculaba, en el elemento de la
Idea de Comunismo, la pertenencia local a un procedimiento político y el inmenso dominio simbólico de la
marcha de la Humanidad hacia su emancipación colectiva. Repartir una octavilla en un mercado era también
entrar en el escenario de la Historia.

Así comprendemos por qué la palabra «comunismo» no puede ser un nombre puramente político:
para el individuo cuya subjetivación apoya, vincula
el procedimiento político a algo distinto de sí mismo.
Tampoco puede ser una palabra puramente histórica.
En efecto, sin el procedimiento político real, que como
veremos contiene una contingencia irreductible, la
Historia no es más que un simbolismo vacío. Tampoco
puede ser una palabra puramente subjetiva o ideológica. Pues la subjetivación opera «entre» la política y

la historia, entre la singularidad y la proyección de
esta singularidad en una totalidad simbólica, y sin estas materialidades y simbolizaciones, no puede llegar
al régimen de una decisión. La palabra «comunismo»
tiene el estatuto de una Idea, lo que significa que, desde una incorporación, y por tanto desde el interior de
una subjetivación política, esta palabra denota una sín-
tesis de política, historia e ideología. Por eso es mejor
entenderla como una operación que como una noción.
La Idea comunista solo existe en el límite del procedimiento individual y político, como aquel componente
de la subjetivación que se sustenta en una proyección
histórica de la política. La Idea comunista es lo que
constituye el devenir político-sujeto del individuo en
tanto siendo también, y al mismo tiempo, su proyección en la Historia.

Aunque solo sea por acercarnos a los territorios
especulativos de mi amigo Slavoj Zizek,[5] me parece es-
clarecedor formalizar el funcionamiento de la Idea en
general, y de la Idea comunista en particular, en el registro de las tres instancias del Sujeto según Lacan: lo
real, lo imaginario y lo simbólico. Comenzaremos por
plantear que el procedimiento mismo de la verdad es lo
real que sostiene a la Idea. Acordaremos entonces que la
Historia solo tiene una existencia simbólica. En efecto,

---

[5] Slavoj Zizek es probablemente el único pensador actual que
puede, al mismo tiempo, mantenerse lo más cerca posible de las
aportaciones de Lacan y apoyar con coherencia y energía el retorno de la Idea de Comunismo. Esto se debe a que su verdadero
maestro es Hegel, de quien hace una interpretación totalmente
nueva, ya que deja de subordinarla al motivo de la Totalidad. Digamos que hay dos maneras de salvar la Idea de Comunismo en
la filosofía actual: renunciar a Hegel, dolorosamente en cualquier
caso, y a costa de repetidos exámenes de sus textos (es lo que yo
hago), o proponer un Hegel diferente, un Hegel desconocido, y
eso es lo que hace Zizek, empezando por Lacan (que fue todo el
tiempo, nos dice Zizek, primero explícitamente, luego secreta-
mente, un magnífico hegeliano).

no puede aparecer. Para aparecer, hay que pertenecer a un mundo. Pero la Historia, en la medida en que se supone que es la totalidad del desarrollo humano, no tiene un mundo que pueda situarla en una existencia real. Es una construcción narrativa *a posteriori*. Por último, podemos convenir en que la subjetivación, que proyecta lo real en el simbolismo de una Historia, solo puede ser imaginaria, por la razón crucial de que ningún real puede simbolizarse tal como es. Lo real existe, en un mundo dado, y en condiciones muy específicas sobre las que volveré. Pero es, como Lacan dijo una y otra vez, insimbolizable. Así pues, no es «realmente» como podemos proyectar lo real de un procedimiento de verdad en el simbolismo narrativo de la Historia. Esto solo puede hacerse imaginariamente, lo que no significa, ni mucho menos, que sea inútil, negativo o sin efecto. Al contrario, es en la operación de la Idea donde el individuo encuentra los recursos para constituirse «en Sujeto».[6] La Idea expone una verdad en una estructura de ficción. En el caso particular de la Idea comunista, operativa cuando la verdad en cuestión es una secuencia política emancipadora, diríamos que el «comunismo» expone esta secuencia (y por tanto a los militantes de esta secuencia) en el orden simbólico de la Historia. O también: la Idea comunista es la operación imaginaria por la que una subjetivación individual proyecta un fragmento de realidad política en el relato simbólico de la Historia. Es en este sentido que tiene sentido decir que la Idea es (¡como era de esperar!) ideológica.[7]

---

[6] Vivir «en Sujeto» tiene dos significados. El primero es el de «vivir como un Inmortal», máxima traducida de Aristóteles. «En» significa «como si uno fuera». El segundo es topológico: incorporación significa que el individuo vive «en» el cuerpo-sujeto de una verdad. Estos matices son iluminados por la teoría del cuerpo-de-verdad sobre la que concluye *Lógicas de los mundos*, una conclusión decisiva, pero, debo confesarlo, todavía compacta y torpe.

[7] En el fondo, para entender bien la manida palabra «ideología», lo más sencillo es atenerse lo más posible a su formación: «ideológico» es lo que se refiere a una Idea.

Hoy es esencial comprender que «comunista» ya no puede ser el adjetivo que califique una política. Este cortocircuito entre realidad e Idea ha dado lugar a expresiones que han necesitado un siglo de épica y terrible experiencia para comprender que estaban mal formadas, expresiones como «partido comunista» o, y esto es un oxímoron que la expresión «Estado Socialista» intentaba evitar, «Estado comunista». Este cortocircuito puede verse como el efecto a largo plazo de los orígenes hegelianos del marxismo. Para Hegel, la exposición histórica de la política no es una subjetivación imaginaria, es lo real mismo. Pues el axioma crucial de la dialéctica tal como él la concibe es que «la Verdad es el devenir de sí misma» o, lo que es lo mismo, «el Tiempo es el ser del Concepto». A partir de ahí, según el legado especulativo hegeliano, está justificado pensar que la inscripción histórica, bajo el nombre de «comunismo», de secuencias políticas revolucionarias, o de fragmentos dispares de emancipación colectiva, revela su verdad, que ha de progresar según la dirección de la Historia. Esta subordinación latente de las verdades a su sentido histórico permite hablar «en verdad» de políticas comunistas, de partidos comunistas y de militantes comunistas. Pero hoy tenemos que ponernos en guardia contra esta adjetivación. Para combatirla, he tenido que afirmar muchas veces que la Historia no existe, lo que está en consonancia con mi concepción de las verdades, a saber, que no tienen sentido, y especialmente no el sentido de la Historia. Pero ahora necesito aclarar este veredicto. Es cierto que no hay Historia real, y por tanto es cierto, trascendentalmente cierto, que esta no puede existir. La discontinuidad de los mundos es la ley de la apariencia y, por tanto, de la existencia. Sin embargo, lo que existe, bajo la condición real de la acción política organizada, es la Idea comunista, operación ligada a la subjetivación intelectual, y que integra a nivel individual lo real, lo simbólico y lo ideológico. Debemos restaurar esta Idea, liberándola de todo uso predicativo. Debemos salvar la Idea, pero también liberar lo real de toda coalescencia inmediata con ella. La Idea comunista, como potencia posible del devenir-Sujeto de los individuos, solo puede ser levantada por políticas que, en última instancia, sería absurdo decir que son comunistas.

Hay que partir, pues, de las verdades, de lo real político, para identificar la Idea en la triplicidad de su funcionamiento: real-político, simbólico-histórico, imaginario-ideológico. Permítanme comenzar con algunos recordatorios de mis conceptos habituales, de forma muy abstracta y simple.

Llamo «acontecimiento» a una ruptura en la disposición normal de los cuerpos y los lenguajes, tal y como existe en una situación particular —si nos referimos a *El ser y el acontecimiento* (1988) o *Manifiesto por la filosofía* (1989)— o tal y como aparece en un mundo particular —si nos referimos en cambio a *Lógicas de los mundos* (2006) o *Segundo manifiesto por la filosofía* (2009)—. Lo importante aquí es señalar que un acontecimiento no es la realización de una posibilidad interna a la situación o dependiente de las leyes trascendentales del mundo. Un acontecimiento es la creación de nuevas posibilidades. No se sitúa simplemente en el plano de las posibilidades objetivas, sino en el plano de la posibilidad de posibilidades. Esto también puede decirse: en términos de situación o de mundo, un acontecimiento abre la posibilidad de lo que, desde el punto de vista estricto de la composición de esta situación o de la legalidad de este mundo, es imposible. Si recordamos que, para Lacan, tenemos la ecuación real = imposible, vemos inmediatamente la dimensión intrínsecamente real del acontecimiento. También podríamos decir que un acontecimiento es el advenimiento de lo real como futuro posible de sí mismo.

Llamo «Estado», o «estado de la situación», al sistema de restricciones que, precisamente, limitan la posibilidad de las posibilidades. También podríamos decir que el Estado es lo que prescribe lo que, en una situación dada, es lo imposible propio de esa situación, a partir de la prescripción formal de lo posible. El Estado es siempre la finitud de la posibilidad, y el acontecimiento es la infinitud. ¿Qué constituye hoy, por ejemplo, el Estado en términos de posibilidades políticas? Pues bien, la economía capitalista, la forma constitucional de gobierno, las leyes (en el sentido jurídico) relativas a la propiedad y a la herencia, el ejército, la policía... Podemos ver cómo a través de todos estos dispositivos, todos estos aparatos —incluidos, por supuesto, los que Althusser llamaba los «aparatos ideológicos del Estado», y que podrían definirse por un objetivo común: prohibir que la Idea comunista designe una posibilidad—, el Estado organiza y mantiene, a menudo por la fuerza, la distinción entre lo que es posible y lo que no lo es. El resultado evidente es que un acontecimiento es algo que sucede cuando se sustrae al poder del Estado.

Llamo «procedimiento de verdad», o «verdad», a la organización continua, en una situación (en un mundo), de las consecuencias de un acontecimiento. Hay que notar enseguida que en toda verdad coaparece un azar esencial, el de su origen en el acontecimiento.

Llamo «hechos» a las consecuencias de la existencia del Estado. Vemos que la necesidad integral está siempre del lado del Estado. Así vemos que una verdad no puede estar formada por hechos puros. La parte no factual de una verdad tiene que ver con su orientación, y la llamamos subjetiva. También diremos que el «cuerpo» material de una verdad, en la medida en que está orientada subjetivamente, es un cuerpo excepcional. Utilizando una metáfora religiosa, me gusta decir que el cuerpo de la verdad, en la medida en que no puede reducirse a los hechos, puede llamarse cuerpo glorioso.

Con respecto a este cuerpo, que en política es el de un nuevo Sujeto colectivo, el de una organización de múltiples individuos, diríamos que participa en la creación de una verdad política. En cuanto al estado del mundo en el que esta creación es activa, hablamos de hechos históricos. La Historia como tal, compuesta de hechos históricos, no se sustrae en absoluto al poder del Estado. La Historia no es subjetiva ni gloriosa. Más bien, la Historia es la historia del Estado.[8]

Podemos entonces volver a nuestro punto sobre la Idea comunista. Si una Idea es, para un individuo, la operación subjetiva por la que una determinada verdad real se proyecta imaginariamente en el movimiento simbólico de la Historia, podemos decir que una Idea presenta la verdad como si fuera un hecho. O también: que la Idea presenta ciertos hechos como símbolos de la realidad de la verdad. Así es como la Idea de Comunismo permitió inscribir la política revolucionaria y sus partidos en la representación de un sentido de la Historia, de la que el comunismo era el resultado necesario. O que se pudiera hablar de «patria del socialismo», que vino a simbolizar la creación de un posible, frágil por definición, gracias a la masividad de este poder.

La Idea, que es una mediación operativa entre lo real y lo simbólico, siempre presenta al individuo algo que se encuentra entre el acontecimiento y el hecho. Por eso

---

[8] Que la historia es la historia del Estado es una tesis introducida en el campo de la intelectualidad política por Sylvain Lazarus, aunque todavía no haya publicado todos sus desarrollos. También en este caso hay que decir que mi concepto ontológico-filosófico del Estado, tal y como fue introducido a mediados de los años ochenta, está marcado por una procedencia (matemática) y un destino (metapolítico) diferentes. Sin embargo, la compatibilidad se mantiene en un punto crucial: ningún procedimiento de verdad política puede, en su propia esencia, confundirse con las acciones históricas de un Estado.

son inútiles las interminables discusiones sobre el estatuto real de la Idea comunista. ¿Es una Idea reguladora,
en el sentido de Kant, sin eficacia real, pero capaz de
fijar metas razonables para nuestro entendimiento? ¿O
es un programa que debe realizarse gradualmente mediante la acción de un nuevo Estado posrevolucionario
sobre el mundo? ¿Es una utopía, una utopía peligrosa,
incluso una utopía criminal? ¿O es el nombre de la Razón en la Historia? Este tipo de discusión es imposible,
por la razón de que la operación subjetiva de la Idea
es compuesta, no simple. Envuelve, como su condición
real absoluta, la existencia de secuencias reales de la
política de emancipación, pero también presupone el
despliegue de una paleta de hechos históricos suscep-
tibles de simbolización. No dice (lo que sería someter
el procedimiento de la verdad a las leyes del Estado)
que el acontecimiento y sus consecuencias políticas organizadas sean reducibles a hechos. Pero tampoco dice
que los hechos sean incapaces de cualquier transcripción histórica (para jugar con las palabras como Lacan)
de las características típicas de una verdad. La Idea es
una fijación histórica de lo que es sutraíble, esquivo,
inasible en el devenir de una verdad. Pero solo es real
en la medida en que reconoce esta dimensión aleatoria,
huidiza, sustraída y elusiva como su real. Por eso corresponde a la Idea comunista responder a la pregunta
«¿de dónde vienen las ideas correctas?» como lo hace
Mao: «las ideas correctas» (es decir, lo que conforma
el esbozo de una verdad en una situación) provienen
de la práctica. Evidentemente, «práctica» es el nombre
materialista de la realidad. Deberíamos decir entonces
que la Idea que simboliza en la historia el devenir «en
verdad» de las ideas correctas (políticas), es decir, la
Idea de Comunismo, procede ella misma *in fine* de la
práctica (de la experiencia de la realidad), sin poder reducirse a ella. Es el protocolo, no de la existencia, sino
de la exposición de una verdad activa.

Todo esto explica, y hasta cierto punto justifica, el hecho de que al final fuera posible exponer las verdades de la política de emancipación en la forma de su contrario, bajo la forma de un Estado. Puesto que se trata de una relación ideológica (imaginaria) entre un procedimiento de verdad y hechos históricos, ¿por qué dudar en llevar esta relación hasta el final, por qué no decir que se trata de una relación entre acontecimiento y Estado? *El Estado y la revolución* es el título de uno de los textos más famosos de Lenin. Y se trata, en efecto, del Estado y el Acontecimiento. Sin embargo, Lenin, siguiendo a Marx en este punto, se cuida de decir que el Estado que estará en cuestión después de la Revolución tendrá que ser el Estado de la decadencia del Estado, el Estado como organizador de la transición a lo no-estatal. Digamos pues lo siguiente: la Idea de Comunismo puede proyectar la realidad de una política, siempre sustraída al poder del Estado, en la figura histórica de «otro Estado», siempre que la sustracción sea interna a esta operación subjetivizadora, en el sentido de que el «otro Estado» también se sustrae al poder del Estado, y por tanto a su propio poder, en la medida en que es un Estado cuya esencia es marchitarse.

Es en este contexto en el que debe considerarse y aprobarse la importancia decisiva de los nombres propios en toda política revolucionaria. Esta importancia es a la vez espectacular y paradójica. Por un lado, la política de emancipación es esencialmente la de las masas anónimas, es la victoria de los sin nombre,[9] de aquellos

---

[9] Los «*sans-noms*», los «*sans-part*» y, en última instancia, en todas las acciones políticas contemporáneas, la función organizadora de los trabajadores «sin papeles», todo ello forma parte de una presentación negativa, o más bien privativa, del territorio humano de las políticas de emancipación. El estudio en profundidad de Jacques Rancière sobre estos motivos, en particular en el siglo XIX, ha puesto de relieve, en el ámbito de la filosofía, la importancia democrática de no pertenecer a una clasificación dominante.

a los que el Estado mantiene en una monstruosa insignificancia. Por otra parte, está marcada de principio a fin
por nombres propios, que la identifican históricamente,
que la representan, mucho más fuertemente que en el
caso de otras políticas. ¿Por qué esta sucesión de nombres propios? ¿Por qué este glorioso panteón de héroes
revolucionarios? ¿Por qué Espartaco, Thomas Münzer,
Robespierre, Toussaint-L'Ouverture, Blanqui, Marx,
Lenin, Rosa Luxemburg, Mao, Che Guevara y tantos
otros? Es porque todos estos nombres propios simbo-
lizan históricamente, en la forma de un individuo, una
pura singularidad de cuerpo y pensamiento, la rara y
preciosa red de secuencias inasibles de la política como
verdad. El sutil formalismo de los cuerpos-verdad
puede leerse aquí como existencia empírica. Cualquier
individuo encuentra individuos gloriosos y típicos
para mediar su propia individualidad, como prueba
de que puede forzar su finitud. La acción anónima de
millones de militantes, insurgentes y combatientes, en
sí misma irrepresentable, se reúne y se cuenta como
una sola en el símbolo simple y poderoso del nombre
propio. Así, los nombres propios forman parte del funcionamiento de la Idea, y los que hemos mencionado
son componentes de la Idea de Comunismo en sus
diferentes etapas. No dudemos en decirlo: la condena
por Jruschov del «culto a la personalidad» en relación
con Stalin fue inoportuna, y anunció, bajo el disfraz
de la democracia, el marchitamiento de la Idea de

Esta idea se remonta al menos hasta Marx en los *Manuscritos* de
1844, que define al proletariado como humanidad genérica, en
el sentido de que no posee en sí ninguna de las propiedades por
las que la burguesía define al Hombre (apto, o normal, o «inte-
grado», como diríamos hoy). Está en la raíz de la salvación que
Rancière intenta conseguir para la palabra «democracia», como
vemos en su ensayo *El odio a la democracia*. No estoy seguro de
que la palabra pueda salvarse tan fácilmente, o en cualquier caso
creo que el desvío a través de la Idea de Comunismo es inevitable. La discusión ha comenzado, y continuará.

Comunismo que presenciamos en las décadas siguientes. La crítica política a Stalin y a su visión terrorista del Estado debía realizarse con rigor, desde el punto de vista de la propia política revolucionaria, y Mao la esbozó con creces en muchos de sus textos.[10] Jruschov, en cambio, que defendía de hecho al grupo dirigente del Estado estalinista, no dio un paso en esta dirección, y se contentó, al hablar del Terror llevado a cabo bajo el nombre de Stalin, con una crítica abstracta del papel de los nombres propios en la subjetivación política. Al hacerlo, él mismo hizo la cama en la que los «nuevos filósofos» del humanismo reactivo yacerían una década más tarde. De ahí una lección muy valiosa: aunque la reacción política pueda exigir que un nombre particular sea despojado de su función simbólica, esa función en sí misma no puede ser eliminada. Porque la Idea —y en particular, porque se refiere directamente al infinito popular, la Idea comunista— necesita la finitud de los nombres propios.

Recapitulemos lo más sencillamente posible. Una verdad es lo real político. La Historia, incluso como depósito de nombres propios, es un lugar simbólico. La operación ideológica de la Idea de Comunismo es la proyección imaginaria de lo real político en la ficción simbólica de la Historia, incluso en forma de representación de la acción de innumerables masas por el Uno de un nombre propio. La función de esta Idea es apoyar la incorporación individual a la disciplina de un procedimiento de verdad, autorizar al individuo a sus propios ojos a ir más allá de las limitaciones estatales de la supervivencia, pasando a formar parte del cuerpo-de-la-verdad, o cuerpo subjetivable.

---

[10] Para los escritos de Mao sobre Stalin, véase *Mao Tsé-Toung et la construction du socialisme*, claramente subtitulado «*Modèle soviétique ou voie chinoise*» traducido y presentado por Hu Chi-hsi (París, Seuil, 1975). Hice un comentario al respecto, basado en la idea de la eternidad de la Verdad, en la apertura de *Lógicas de los mundos*.

Ahora nos preguntaremos: ¿por qué es necesario recurrir a esta operación equívoca? ¿Por qué el acontecimiento y sus consecuencias deben exponerse también como un hecho, y a menudo como un hecho violento, acompañado de variantes del «culto a la personalidad»? ¿Por qué esta asunción histórica de las políticas de emancipación?

La razón más sencilla es que la historia ordinaria, la historia de las vidas individuales, se mantiene dentro del Estado. La historia de una vida es por sí misma, sin decisión ni elección, una parte de la historia del Estado, cuyas mediaciones clásicas son la familia, el trabajo, la patria, la propiedad, la religión, las costumbres... La proyección heroica, pero individual, de una excepción a todo esto —como es un procedimiento de verdad— quiere también ser compartida con los demás, quiere mostrarse no solo como una excepción, sino también como una posibilidad desde ese momento común a todos. Y esta es una de las funciones de la Idea: proyectar lo excepcional en lo ordinario de la existencia, llenar lo meramente existente con una dosis de lo inaudito. Convencer a los que me rodean, esposos y esposas, vecinos y amigos, colegas, de que también existe la fabulosa excepción de las verdades en ciernes, de que no estamos condenados a que nuestras vidas estén formateadas por las limitaciones del Estado. Por supuesto, en última instancia, solo la experiencia desnuda o militante del proceso de decir la verdad forzará a alguien a entrar en el cuerpo de la verdad. Pero para llevarle al punto en el que se da esta experiencia, para convertirle en espectador, y por tanto ya medio-jugador, de lo que importa una verdad, casi siempre es necesaria la mediación de la Idea, el compartir la Idea. La Idea de Comunismo (sea cual sea el nombre que le demos, que apenas importa: ninguna Idea es identificable por su nombre) es lo que permite hablar del proceso de una verdad en el lenguaje impuro del Estado, y así desplazar, durante un tiempo, las líneas de fuerza por las que el Estado prescribe lo que es posible y lo que es imposible. El gesto más ordinario, en esta visión de las cosas, es llevar a alguien a un encuentro político real, lejos de casa, lejos de sus parámetros existenciales codificados, en un albergue de trabajadores malienses, por ejemplo, o en la puerta de una fábrica. Una vez llegados al lugar donde se aplica una política, decidirán si se unen o se retiran. Pero para llegar al lugar, la Idea —que desde hace dos siglos, o quizás desde Platón, es la Idea de Comunismo— debe ser predesplazada en el orden de las representaciones, de la Historia y del Estado. El símbolo debe sostener imaginariamente la huida creadora de la realidad. Los hechos alegóricos deben ideologizar e historizar la fragilidad de la verdad. Una pobre y decisiva discusión con cuatro obreros y un estudiante en una habitación a oscuras tiene que ser momentáneamente ampliada a las dimensiones del Comunismo, para que pueda ser a la vez lo que es y lo que habrá sido como momento de la construcción local de la Verdad. Tiene que hacerse visible, a través de la ampliación del símbolo, que las «ideas correctas» provienen de esta práctica casi invisible. La reunión de cinco personas en un suburbio dejado de la mano de Dios debe ser eterna en su precariedad. Por eso la realidad debe exponerse en una estructura de ficción.

La segunda razón es que cada acontecimiento es una sorpresa. Si no lo fuera, habría sido previsible como hecho y, por tanto, parte de la historia del Estado, lo cual es contradictorio. El problema puede formularse entonces del siguiente modo: ¿cómo podemos prepararnos para tales sorpresas? Y esta vez el problema existe, aunque ya seamos militantes de las consecuencias de un acontecimiento anterior, aunque estemos incluidos en un cuerpo de verdad. Por supuesto, proponemos el despliegue de nuevas posibilidades. Pero el acontecimiento por venir hará posible lo que, incluso para nosotros, sigue siendo imposible. Para anticipar, al menos ideológica o intelectualmente, la creación de nuevas posibilidades, necesitamos una Idea. Una Idea que, por supuesto, abarque la novedad de las posibilidades que el procedimiento de verdad del que somos militantes ha sacado a la luz, y que son posibilidades reales, pero que abarque también la posibilidad formal de otras posibilidades, aún insospechadas por nosotros. Una Idea es siempre la afirmación de que una nueva verdad es históricamente posible. Y como el forzamiento de lo imposible hacia lo posible se hace por sustracción del poder del Estado, podemos decir que una Idea afirma que ese proceso sustractivo es infinito: siempre es formalmente posible que la línea divisoria fijada por el Estado entre lo posible y lo imposible vuelva a ser desplazada, por radicales que hayan sido sus desplazamientos anteriores, incluido el que estamos protagonizando actualmente como militantes. Por eso, uno de los contenidos de la Idea comunista hoy —y ello contra el motivo del comunismo como meta a alcanzar por el trabajo de un nuevo Estado— es que el declive del Estado es, sin duda, un principio que debe ser visible en toda acción política (expresado por la fórmula: «política a distancia del Estado», como el rechazo obligatorio de toda inclusión directa en el Estado, de toda petición de crédito al Estado, de toda participación en las elecciones, etc.), pero que es también una tarea infinita (expresada por la fórmula: «política a distancia del Estado», entendida como el rechazo obligatorio de toda inclusión directa en el Estado, de toda petición de crédito al Estado, de toda participación en las elecciones, etc.). Pero también es una tarea infinita, porque la creación de nuevas verdades políticas siempre desplazará la línea divisoria entre los hechos estatales, y por tanto históricos, y las consecuencias eternas de un acontecimiento.

Esto nos lleva a la conclusión de las inflexiones contemporáneas de la Idea de Comunismo.[11] Como he
dicho, la valoración actual de la Idea de Comunismo
es que la posición de la palabra ya no puede ser la de
un adjetivo, como en «partido comunista» o «regímenes comunistas». La forma-partido, como la del Estado
socialista, es ahora inadecuada para asegurar el apoyo
real de la Idea. Este problema encontró su primera expresión negativa en dos acontecimientos cruciales de
los años sesenta y setenta del siglo pasado: la Revolución Cultural en China y la nebulosa conocida como
«Mayo del 68» en Francia. Se experimentaron entonces,
y se siguen experimentando, nuevas formas políticas,
todas ellas relacionadas con la política no partidista.[12]

A escala global, sin embargo, puede decirse que la
forma moderna, llamada «democrática», del Estado
burgués, que se apoya en el capitalismo globalizado, no tiene rivales en el terreno ideológico. Durante
tres décadas, la palabra «comunismo» ha sido completamente olvidada o identificada con empresas
criminales. Por eso la situación subjetiva de la política
se ha vuelto tan confusa en todas partes. Sin una Idea,
la desorientación de las masas populares es inevitable.
Sin embargo, hay muchos indicios, entre ellos la presente conferencia, de que este periodo reactivo está
llegando a su fin. La paradoja histórica es que, en
cierto sentido, estamos más cerca de los problemas

---

[11] Sobre las tres etapas de la Idea de Comunismo, en particular
la segunda, en la que la Idea de Comunismo intentó ser directamente política (en el sentido del programa, el Partido y el Estado), véanse los capítulos finales de mi *Circonstances 4. De quoi
Sarkozy est-il le nom?*
[12] En las últimas tres décadas se han producido muchos experimentos apasionantes de nuevas formas políticas. Entre ellos:
el movimiento Solidarnosc en Polonia en 1980-1981, la primera
fase de la revolución iraní, la Organisation Politique en Francia,
el movimiento zapatista en México, los maoístas en Nepal... No
es nuestra intención ser exhaustivos.

examinados en la primera mitad del siglo XIX que de
los que heredamos del XX. Al igual que en torno a 1840,
nos enfrentamos a un capitalismo cínico, seguro de que
es la única forma posible de organizar racionalmente
las sociedades. Se insinúa ampliamente que los pobres
se equivocan por ser pobres, que los africanos están
atrasados y que el futuro pertenece o bien a las bur-
guesías «civilizadas» del mundo occidental o bien a las
que, como los japoneses, seguirán el mismo camino.
Hoy, como entonces, existen amplias zonas de extrema pobreza, incluso dentro de los países ricos. Existen
desigualdades monstruosas y crecientes entre países y
entre clases sociales.

La brecha subjetiva y política entre los campesinos del Tercer Mundo, los parados y los trabajadores
pobres de nuestras sociedades «desarrolladas», por
un lado, y las clases medias «occidentales», por otro,
es absoluta y está marcada por una especie de odiosa
indiferencia. Más que nunca, el poder político —como
demuestra la crisis actual, con su consigna única de
«salvar a los bancos»— no es más que un apoderado
del capitalismo. Los revolucionarios están desunidos y
débilmente organizados, amplios sectores de la juventud obrera han sido ganados por una desesperación
nihilista y la gran mayoría de los intelectuales son serviles. Frente a todo esto, tan aislados como Marx y sus
amigos en la época del retrospectivamente famoso *Manifiesto comunista* de 1847, cada vez somos más los que,
sin embargo, organizamos procesos políticos de nuevo
tipo entre la clase obrera y las masas populares, y bus-
camos todos los medios para apoyar en la realidad las
formas resucitadas de la Idea comunista. Como a principios del siglo XIX, lo que está en juego no es la victoria
de la Idea, como ocurrió a lo largo de la mayor parte
del siglo XX de manera demasiado imprudente y dogmática. Lo que importa es su existencia y los términos
en que se formula. En primer lugar, dar una existencia

subjetiva fuerte a la hipótesis comunista, esa es la tarea que nuestra asamblea lleva a cabo hoy a su manera. Y es, debo decirlo, una tarea estimulante. Combinando las construcciones del pensamiento, que son siempre globales y universales, y los experimentos con fragmentos de verdad, que son locales y singulares, pero universalmente transmisibles, podemos asegurar la nueva existencia de la hipótesis comunista, o más bien de la Idea de Comunismo, en las conciencias individuales. Podemos abrir el tercer periodo de existencia de esta Idea. Podemos, por lo tanto debemos.